심리학으로 말하다

운전

심리학으로 말하다
운전

초판 1쇄 발행 | 2022년 4월 20일

지은이 | 그래함 홀
옮긴이 | 신영경
펴낸이 | 조승식
펴낸곳 | 돌배나무
공급처 | 북스힐
등록 | 제2019-000003호
주소 | 01043 서울시 강북구 한천로 153길 17
전화 | 02-994-0071
팩스 | 02-994-0073
홈페이지 | www.bookshill.com
이메일 | bookshill@bookshill.com

ISBN 979-11-90855-15-0
      979-11-90855-00-6 (세트)
정가 13,500원

• 이 도서는 돌배나무에서 출판된 책으로 북스힐에서 공급합니다.
• 잘못된 책은 구입하신 서점에서 교환해 드립니다.

운전

Graham Hole | 신영경 옮김

그래함 홀 Graham Hole은 영국 서식스대학교University of Sussex 심리학과의 부교수이다. 교통, 시각 인지, 지각 등을 주제로 다양한 저널에 기고하고 있다.

신영경은 이화여자대학교 영어영문학과를 졸업했다. 10여 년간의 해외 생활후 동 대학교 통·번역대학원 한영번역학과를 졸업했으며, 이화여자대학교통·번역연구소 번역연구원으로 일하고 있다. 역서로는 '심리학으로 말하다' 시리즈『음모론』, 『은퇴』, 『중독』 외에『인포그래픽 데이비드 보위』, 『인포그래픽 모네』, 『핫 시트』, 『블루 마인드』가 있다.

나의 어머니
조이스 앨리스 홀을 그리며

서문

매해 어림잡아 1250만 명을 사망에 이르게 하고, 5000만 명 이상에게 상해를 입히는 질병이 있다. 이 병은 때로는 남은 삶을 송두리째 뒤바꾸는 장애를 야기하기도 한다. 전 세계 사망 원인 중 아홉 번째이며 15세에서 29세 사이 젊은이들의 사망 원인 중 첫 번째이다. 그리고 정말 애석한 사실은 이러한 죽음이 대부분 예방할 수 있었다는 점이다.

이 책을 읽는 여러분은 아마도 이 질병이 무엇인지 짐작했을 것이다. 그렇다, 바로 교통사고다. 이러한 통계 자료는 세계 보건 기구가 2015년 발표한 '도로 안전에 관한 세계 현황 보고서'를 기반으로 한다. 영국은 노르웨이와 스웨덴 다음으로 운전하기에 가장 안전한 나라이다. 그런데도 2016년 영국 교통부 보고서에 의하면 영국의 도로에서

1792명이 교통사고로 사망하였고, 2만 4101명이 중상을 입었으며, 전체 사고 수는 70만 건에 육박한다. 교통사고로 매일 다섯 명이 사망하는 셈이다.

이러한 모든 것이 심리학과 관련이 있다. 대부분의 교통사고가 기계 결함이 아니라 인간의 실수로 일어나기 때문이다. 운전자들은 여러 가지 이유로 사고를 낸다. 전방을 주시하지 않거나, 얼토당토않은 곳에서 끼어들기를 시도하거나, 도로 여건에 비해 과속하는 등 위험한 행동을 한다. 혹은 알코올, 약물, 또는 수면 부족 상태에서 운전을 하거나, 휴대폰에 정신이 팔린 채 운전한다. 때로는 상대 운전자에게 분노를 참지 못해서 혹은 짜증이 나서 사고를 내기도 한다. 고령 운전자 중 일부는 운전에 필요한 신체적, 정신적 요구 조건에 더 이상 부응하지 못하여 사고를 낼 때도 있다. 지각, 주의 집중, 피로, 공격성, 위험 인식, 노화 등 이 모든 문제는 심리학자들이 광범위하게, 때로는 수십 년에 걸쳐 연구해 온 주제이다. 심리학자들은 인간이 어떻게 운전을 할 수 있는지, 왜 가끔은 실수하는지에 대한 매우 많은 정보를 알고 있다.

『운전: 심리학으로 말하다』는 운전과 관련된 심리학 연구에 대한 간략한 소개서라고 할 수 있다. 이 책에서 다룬 각각의 주제에 관해서는 말 그대로 수천 가지 이상의 연구 논문이 있다. 이 중에서도 인지 심리학(특히 인지와 주의력)을 중점적으로 살펴볼 것이다. 인지 심리학이 주 연구 분야인 까닭도 있지만, 인간이 매우 시각적인 동물이며 운전이 시각적인 작업이기 때문이기도 하다. 그러나 사회 심리학 또한 우리가 어떻게, 그리고 왜 이렇게 운전하는지를 설명하는 데 중요한 역할을 한다. 사회 심리학에서는 태도 형성, 태도 변화, 위험 인식과 같은 주제를 다루며, 이런 주제에 관한 지식은 운전자들이 왜 모험을 하는지, 어떻게 하면 더 안전하게 운전하도록 운전자를 설득할 수 있는지를 이해하는 데 필수적이다.

이 책은 운전에 관심을 갖고 있는 사람들을 위해 집필되었으며 이 글을 읽는 모든 이에게 시사하는 바가 있기를 희망한다. 운전은 많은 이들이 각자 나름의 강한 의견을 가진 주제이지만, 그 의견이 꼭 적절한 증거에 근거한 것은 아닐 수도 있다. 심리학은 과학이다. 그러므로 문제를 탐구하기 위해 과학적 방법을 사용한다. 심리학자들은 가능한 한 객관적으로 증거를 수집하고 평가하도록 훈련을 받는다. '직관적 타당성'은 심리학의 영역에서는 설 자리가 없다. 운전이라는 주제에 관해서는 항간에 설득력 있어 보이는 주장이 넘쳐 난다. 예를 들면 "오토바이가 잘 보이지 않기 때문에 운전자들은 교차로에서 오토바이를 무시하고 먼저 출발한다", "고령 운전자들은 시력이 나쁘기 때문에 사고를 더 많이 낸다", "운전 중 휴대폰을 사용하더라도 핸즈프리 모드로 사용하면 안전하다"와 같은 속설이다. 이에 관해서는 앞으로 살펴보겠지만 이러한 주장을 뒷받침하는 과학적 증거는 거의 없으며, 각각의 경우에는 훨씬 더 복잡하고 흥미로운 진실이 숨어 있다.

심리학이 이토록 운전과 밀접한 관련이 있는데도 왜 심리학자가 아닌 사람들은 이 사실을 알지 못할까? 여기에는 운전과 운전 관련 주제에 관해 방대한 과학적 문헌이 있지만 대부분 전문 용어와 통계 수치로 이루어져 비 전문가가 다가가기에 적합하지 않다는 점도 일조했다. 그러므로 이 책에서는 전문 용어 사용은 최소화하는 동시에 주장을 과잉 단순화하거나 사소한 것으로 만들지 않도록 노력할 것이다. 아무리 복잡한 문제라도 시간과 수고를 충분히 들이면 이해되도록 설명할 수 있다는 것이 나의 확고한 지론이다. 이러한 나의 노력이 성공적이기를 진심으로 바란다.

이 기회를 빌려 이 책이 나오기까지 도움을 아끼지 않은 케번 필립스, 이언 필립스, 사라 로렌스, 제스 마셜, 네빌 스텐턴에게 감사의 말을 전하고 싶다.

01

운전 중 인식과 주의 집중

시각 인식이 운전에 매우 중요하다는 것은 틀림없는 사실이다. 잠깐만이라도 눈을 감은 채 운전해 보면 이 말이 무슨 뜻인지 알게 될 것이다. 많은 교통사고는 '인식' 오류에 의해 발생하는 것으로 보인다. 영국에서 매년 보도되는 교통사고의 약 45%가 자동차나 오토바이 운전자의 '전방 주시 태만' 때문에 일어난다. 두 번째로 흔한 교통사고 요인은 '자동차나 오토바이 운전자가 타인의 진행 방향과 속도를 잘못 판단하는 것'으로 전체 사고 원인의 약 25%로 추산된다. 많은 충돌 사고에서 최소한 한 명의 운전자는 상대

차가 오는 것을 보지 못했다고 주장한다. 이렇게 '전방을 주시하고 있었으나 차가 오는 것을 보지 못한' 사고의 희생자들은 흔히 자전거나 오토바이 운전자이다.

이러한 사고, 특히 이륜차 관련 사고는 인간 시력의 한계(시력 검사표로 측정된 시력의 의미에서) 때문이라고 흔히들 말한다. 때로 어떤 사람들은 우리의 망막 이미지가 정확하지 않거나 안구가 움직이는 동안에는 보지 못한다는 사실 등을 들며 시각 시스템의 '결함'이 원인이라고 주장하기도 한다. 그러나 우리의 시각 체계가 어떻게 작동하는지 안다면 이 주장이 사실이 아니라는 것을 알 수 있다. 실제로 문제가 있다면 운전자의 눈동자가 아니라 뇌가 문제이다. 이것이 무슨 뜻인지 이해하기 위해 시각 시스템과 구조에 관해 간략히 설명할 필요가 있다.

시각 인식은 정말 어렵다!

우리가 운전하는 동안 뇌는 끊임없이 변하는 형태와 선에서 풍부하고 세밀한 3차원 세계의 이미지를 별다른 어려움 없이 빠르게 구성하는 것처럼 보인다. 뇌는 또한 어떤 물체가 다른 물체에 의해 부분적으로 가려지더라도 (버스 뒤에서 보행자가 목을 빼고 내다보는 것처럼) 어떤 윤곽들이 합쳐져 '물체'를 이루는지 판단할 수 있다. 뇌는 여러 다른 종류의 움직임을 구별하며, 운전 중인 차의 움직임, 보행자의 움직임, 사이드 미러를 통해 전방 도로를 살필 때 눈의 움직임을 개별적으로 인식한다.

이러한 위업을 달성하기 위해 보이지 않는 곳에서는 엄청나게 많은 정보 처리가 이루어진다. 인간의 눈은 카메라가 아니라, 외부 세계에 대한 주요 정보를 얻기 위해 물체에서 반사된 빛을 사용하는 신경 시스템의 집합이다. 좌우 각각의 눈은 우표 크기 정도의 침침하고 흐릿한, 분명하지 않고 뒤집힌 (정말, 사실이다!) 망막 이미지를 만들어 낸다. 그러나 이 이미지를 보는 사람은 없다. 이 이미지는 시각 인식의 기저에서 이루어지는 전체 과정의 출발점에 지나지 않는다. 눈은 정보를 전기 자극 형태로 뇌에 전달하며, 이후 뇌가 이 정보를 해석한다.

주관적 인상은 우리에게 인식 과정이 실제로 어떻게 일어나는지에 관해 매우 잘못된 생각을 심어 준다. 여러분은

이 페이지를 읽는 동안 열 몇 번씩 눈을 깜박이느라 생긴 간헐적 어둠이나, 한 문장에서 다음 문장으로 넘어갈 때 눈동자가 갑자기 움직이는 것을 알아챘는가? '변화맹change-blindness' 시연에서 관찰자들은 번갈아 제시되는 두 이미지 사이의 차이를 찾아내야 하는데, 변화가 일어나는 곳을 직접 바라보고 있지 않으면 이러한 차이를 찾아내기가 놀라울 정도로 어렵다. 이 변화맹 기술은 눈을 움직일 때마다 매번 일어나는 일을 활성화한다. 다시 말해, 뇌는 우리가 이전에 보고 있던 곳에서 얻은 정보 대부분을 버리고 그 장면의 요점만을 간직한다. 우리가 어디를 보던 장면은 매우 상세해 보이지만 이것은 로널드 렌싱크Ronald Rensink를 비롯한 연구진이 시각적 의식의 "위대한 환상"이라고 부른 현상이다. 이전에 본 장면이 뇌에서 매우 대략적으로만 재현된다는 사실을 우리는 알아차리지 못한다. 현재 그 장면을 보고 있지 않기 때문이다.

뇌가 직면하게 되는 커다란 문제가 있다. 뇌에서 시각 정보를 활용하려면 이 정보를 신속히 해석해야 하는데, 모든 장면에는 방대한 양의 정보가 담겨 있다. 따라서 뇌는 정보를 까다롭게 선택해야 한다. 뇌는 어떤 종류의 변화를 감지하는 데 최적화되어 있다. 공간이나 시간의 변화는 우리의 생명 활동과 관련이 있다. 그러나 아무 변화가 없는 지속적인 상태는 그렇지 않다. 우리가 생존을 위해 걱정해야 하는 것은 낭떠러지 가장자리 같은 갑작스런 변화이지 평평하게 이어지는 광활한 초원이 아니기 때문이다.

시각 시스템은 망막에서 '더 고차원적인' 뇌 영역에 이르기까지 모든 단계에서 효율적으로 정보를 습득하도록 설계되어 있다. 우선 운전자 앞에 펼쳐진 장면의 매우 적은 부분만 상세하게 분석된다. 정밀한 시력은 황반이라 불리는 망막의 중심부에 한정되어 있다. 직경 1.5㎜밖에 안 되는 이 작은 부위를 넘어서면 시력(시력의 선명도)은 중심부에서 멀어질수록 떨어져, 가장 바깥쪽 주변시(간접시)로는 겨우 물체의 움직임만을 희미하게 감지하는 정도이다(그림 1.1 참조).

주변시의 부정확성은 실제 상황에서는 그리 큰 문제가 되지 않는다. 그 이유는 물체를 볼 때 안구가 움직여 이미지가 황반에 맞춰지기 때문이다. 정상 시력은 초당 약 3회 정도의 짧은 고정 상태로 이루어지며 주로 '급속 안구 운동saccades'이라 부르는 눈의 빠르고 큰 움직임과 연결되어 있

그림 1.1 주변시에서 시력이 어떻게 감소하는지에 관한 실험. 좌측 그림은 우리가 차에 시야를 고정하고 있을 때 카메라가 보는 이미지이고, 우측은 시각 시스템이 보는 이미지이다. 우측 이미지를 위한 포토샵 알고리즘을 만들어 준 스튜어트 안스티스에게 감사를 전한다.

다. 이러한 고정 상태의 변화는 무언가 우리의 주의를 끌거나 다음에 무엇을 보는 것이 유리한지에 관한 지식과 예상으로 인해 발생한다. (이에 관해서는 나중에 더 다룰 것이다.)

이는 정보 과잉 문제를 해결하는 매우 훌륭한 방법이다. '외부 세계' 전부를 우리 머릿속에 저장할 필요 없이, 그저 필요할 때마다 정보가 있는 곳으로 눈을 움직여 채집만 하면 되기 때문이다.

뇌가 정보 과잉에 대처하는 또 다른 방법은 정보를 얻을 가능성이 있는 범위 내에서만 시각 정보를 처리하는 것이다. 어느 장면이나 정보의 상세한 수준이 다르게 마련이다. 이러한 차이는 이미지가 담고 있는 '공간 주파수'에 반영되어 있는데, 이는 우리가 특정 방향으로 움직일 때 밝음에서 어두움까지 얼마나 자주 패턴이 변화하는지를 말한다. 고高공간 주파수는 이미지의 세세한 특징에 대한 정보를(예를 들면 나뭇잎의 윤곽), 저低공간 주파수는 이미지 속 낮은 수준의 정보를 담고 있다(예를 들면 나무 한 그루와 배경과의 차이). 그림 1.2는 고공간 주파수를 선택적으로 제거하기 위한 이미지 필터링 결과를 보여 준다.

각기 다른 작업은 각기 다른 공간 범위 내에서 분석할 필요가 있다. 운전과 관련된 많은 작업(예를 들면 신속한 장면 분석, 차선 안내, 충돌 회피)에서는 실제로 세세한 정보(고공간

그림 1.2   저공간 주파수만으로 처리된 이미지

주파수)가 필요하지 않고 대강의(저~중공간 주파수) 정보면 충분하다. 그림 1.2를 보면 세세한 정보가 없는데도 차를 쉽게 식별할 수 있다.

이렇게 많은 시간을 할애해 시각 시스템의 한계를 설명하고 나서 어떻게 시각의 한계가 교통사고의 원인이 아니라고 주장할 수 있는지 의아할 것이다. 시각이 망막 이미지로 '보이는 것'으로만 구성된다는 오해에 사로잡혀 있는 경우 이러한 '결함'들이 문제라고 말할 것이기 때문이다. 그러나 망막의 이미지가 매우 형편없다 하더라도 '보이는 것'까지 형편없는 것은 아니다.

어느 정도까지 이미지가 처리되고 어떤 결과물이 나오는지에 관한 예를 들어 보자. 눈 하나에는 1억 2700만 개의 빛에 민감한 세포(광 수용체)가 있다. 이 중 700만 개는 '원추 세포'로 밝은 대낮에 정교한 색 시각을 제공하고 나머지는 '막대 세포'로 어두운 상황에서 덜 선명한 흑백 시각을 제공한다. 가장 선명한 시력은 주로 황반의 정중앙에 있는 20만 개의 원추 세포에 기반한 것이다. 그러나 시각 시스템의 해상도는 광 수용체의 크기를 기준으로 예상할 수 있는 것보다 훨씬 더 뛰어나다. 두 개의 세로선 사이에서 탐지할 수 있는 아무리 작은 부조화라도 '이 영역에 있는 가장 작은 원추 세포 직경의 10분의 1'이며 이 선이 망막을 가로질러 지나가고 있을 때라 하더라도 이 정도의 미세한 오 배열을 감지할 수 있다! 이러한 '초超 시력'의 사례들은 뇌에서 얼마나 많은 처리 과정이 이루어지고 있는지를 잘 보여 준다. 망막에서 나오는 전기 자극은 바깥 세상에 대한 유용한 정보를 추출하도록 설계된 처리 과정의 전체 집합 중에서 하나의 출발점에 지나지 않는다.

시각 인식에서 가설과 도식의 역할

인간의 정보 처리 과정은 상당 부분 '도식schema(스키마, 환경 내의 대상 및 사건, 다른 정보를 확인하고 해석하는 데 사용되는 인지 구조—옮긴이 주)'에 의존하고 있는 것으로 보인다. 도식은 '많은 활동 사례를 통해 도출된 일반화'를 일컫는다. 도식은 여러 다른 수준에서 작동할 수 있다. 낮은 수준의 경우, 교차로에서 회전하기, 신호등을 보고 정지하기, 차선 바꾸기 등의 행동 도식들이 있다. 세부 사항은 그때마다 다르기는 하지만 운전자가 수천 번씩 수행한 행동들이다. 좀 더 높은 수준의 경우, 집에서 슈퍼마켓으로 가거나 아이를 학교에서 픽업하는 것 같은 주기적 여정에 대한 도식, 다시 말해 각 사례마다 사소한 것만 달라질 뿐 항상 똑같이 반복되는 행동의 도식이 있을 수 있다.

도식이 있으면 우리는 앞으로 일어날 일을 예측할 수 있고 그 결과 효율적 대응이 가능하다. 운전이 대부분 예측 가능하고 반복되는 활동이라는 점을 감안하면 도식과 도식으로 인한 예측은 운전자의 행동을 결정하는 데 중요한 역할을 할 것이다.

인식의 도식이 존재한다는 사실은 '예측 부호화predictive coding'에 관한 최근 연구에 의해 입증된다. 과거 얼마 동안에는 인식 처리 과정은 뇌의 '낮은' 영역에서 '높은' 영역으로만 진행된다는 견해가 지배적이었다. 다시 말해 인식 처리 과정이 사물의 윤곽을 감지하는 것 같은 기본적 인식 속성의 분석에서 시작된다는 것이다. 그러면 '높은' 영역이 이들을 통합하여 물체를 좀 더 추상적인 표상으로 만든다. 마지막으로 이들 표상은 물체에 대한 개념 지식과 연결되고, 이것이 지닌 의미가 보는 이에게 연결된다. 그러나 최근의 신경 생리학 연구에 의하면 정보는 반대 방향, 즉 '높은 수준'에서 '낮은 수준'으로도 흐른다. 높은 영역은 들어오는 정보가 나타내는 것이 무엇인지에 관한 여러 상충되는 '가설'을 활발히 검증하는 동시에 이들 가설 중에서 하나를 선택할 수 있도록, 들어오는 정보의 양을 최대로 유지하기 위해 낮은 영역의 활동을 조정할 수도 있다. 요컨대 뇌는 감각 정보를 해석하기 위해 외부 세계에 대한 지식을 활용한다. 대부분의 경우 이것은 매우 효율적인 전략인데 그 가설들이 적절한 경우에 한하여 그렇다.

이번 장의 도입부에 제시된 교통사고 자료로 되돌아가 보자. 앞서도 언급했듯이 가장 많이 일어나는 사고는 교차로에서의 충돌이다. 예를 들어 한 운전자가 샛길에서 빠져나와 주도로에 진입하고 있는데 이 도로에서는 마주 오는 차량에게 통행 우선권이 있다. 가해 차량은 종종 제 방향을 주시하고 있었지만 다른 차가 다가오는 것을 보지 못했다고 주장한다. 왜 이런 '전방을 주시하고 있었으면서도 미처 보지 못한look but failed to see, LBFS' 사고가 일어나는 것일까? 가장 분명하게 대답하자면 마주 오는 차량은 감각의 관점에서 보면 감지하기 어렵다. 이러한 견해는 오토바이나 자전거 운전자들이 자주 이와 같은 유형의 사고에 희생된다는 사실로 뒷받침될 수 있을 것이다. 이륜차들은 크기가 작아서 눈에 띄기 어렵기 때문에 이들이 교차로에서 회전했을 때 감지하지 못한다는 주장이 있다. 그러나 증거를 좀 더 자세히 살펴보면 LBFS 사고가 가해 차량 운전자의 부실한 시각 체계로 인해 빚어진 것이 아니라는 것을 알 수 있다. 그보다 이러한 사고는 주의 집중과 관련된 '인지' 체계의 결함 탓으로, 이는 운전자에게 보일 것 같은 장면에 대한 운전자의 예상에 영향을 받는다.

종종 우리는 일이 어떻게 잘못되어 가는지를 보면서 어떻게 그 일이 진행되는지를 깨달을 수 있다. LBFS 사고를 좀 더 자세히 살펴보면 운전하는 동안 인식이 어떻게 작용하는지를 이해할 수 있다.

주의 집중에 영향을 주는 두 요인

인간은 시각 영역의 작은 부분에만 매우 정교한 시력을 갖고 있기 때문에 전체 장면을 한번에 인식하는 것이 아니라 주변의 여러 다양한 부분에 차례대로 주의를 기울여야 한다. 이러한 과정에 영향을 주는 두 가지 요소가 있다. 갑작스런 움직임 또는 소음 같은 외부 자극은 자동적이고 불수의적으로 주의를 사로잡을 수 있다. 또한 내적 신호도 영향을 줄 수 있는데 이는 목표 지향적, 자발적, 의식적으로 무언가에 주의를 집중하는 것이다.

주의 집중을 결정하는 두 유형의 이러한 차이는 가시성 혹은 연구자들이 흔히 말하는 '명료성' 논의에 잘 나타나 있다. 어두운 배경 속 밝은 물체처럼 '감각적 명료성'이 높은 물체는 운전자가 특별히 그것을 보고 있지 않아도 주의를 끈다. '인지적 명료성'은 운전자가 적극적으로 찾아내려 할 때 감지할 수 있는 물체의 특성과 관련이 있다. 두 번째 유형은 물체 자체의 속성뿐 아니라 운전자의 심리 상태에 의해서도 좌우된다. 감각적 명료성은 좀 더 '데이터 중심'의, '상향식'의 처리 과정인 반면 인지적 명료성은 좀 더 '개념적'이며, '하향식' 과정이다.

이 두 가지 명료성이 일치할 필요는 없다. 예를 들면 경로 정보를 제공하는 도로 표지판은 높은 감각적 명료성을 갖도록 설계된다. 즉 크고 밝고 쉽게 보이는 곳에 위치한다

(보통은!). 경로 정보를 알고자 하는 운전자의 입장에서는 이 도로 표지판이 인지적 명료성을 갖추고 있을 수도 있다. 운전자가 적극적으로 특정 정보를 찾고 있기 때문이다. 그러나 경로를 이미 잘 알고 있는 운전자에게는 이 도로 표지판은 아무 의미가 없으므로 도로 표지판이 감각적 명료성을 갖추고 있음에도 불구하고 눈에 띄지 않을 수 있다.

주의를 집중시키는 외부 자극의 특성 외에도 고려할 필요가 있는 주의 집중의 또 다른 측면은 자극의 너비이다. 주관적으로 우리는 넓은 영역에서 좁은 영역까지 우리의 주의를 다양하게 배분할 수 있다고 느낀다. 잘 알려진 주의력 모델에 '줌 렌즈' 모델이 있다. 이 모델에서는 운전자의 주의가 서치라이트와 비슷하며 한 장면을 한번에 전체적으로 훑을 수 있고, 이 '서치라이트'의 폭은 좁은 것에서 넓은 것까지 다양하다고 주장한다. 또 다른 대중적 견해에 따르면, 스트레스 상황에서는 운전자의 주의 영역이 줄어들어 고정된 점을 향한다. 일종의 인지적 '터널 시야'가 만들어지는 것이다. 이는 주의가 고정된 점에서 시작되면 될수록 사물이 인지될 가능성이 더 줄어든다는 것을 의미한다.

운전자는 무엇을 볼까?

———

운전자가 무엇에 주의를 집중하는지 알아내는 한 가지 방법은 운전자의 안구 움직임을 기록하는 것이다. 이 방법에서는 운전자가 보는 것이 바로 주의 집중의 대상이라고 가정한다. 앞으로 밝혀지겠지만 언제나 그렇지는 않다는 증거가 많다. 그러나 안구 추적은 운전자가 주의를 어디에 배분하는지에 관한 정보를 대충은 알려준다.

1970년대 로널드 모런트와 토머스 로크웰의 연구에서는 운전자의 눈동자 움직임 차이에 관한 흥미로운 연구 결과를 얻었다. 초보 운전자는 숙련된 운전자에 비해 전체 장면 중 차에 가까운 비교적 작은 부분을 탐색하고, 더 좁고 수평적 패턴으로 탐색하며, 차의 각종 미러를 덜 활용하는 경향을 보였다. 초보 운전자는 숙련된 운전자보다 시선을 한 곳에 더 길게 고정하고, 더 오래 물체를 추적하는 현상도 보였다. 또한 초보 운전자는 핸들을 조작하느라 주변시에서 들어오는 정보를 제대로 활용하지 못하는 것으로 나타났다.

제프리 언더우드를 비롯한 노팅엄 대학 연구진은 좀 더

최근에 초보 운전자와 숙련된 운전자의 시선 고정 패턴을 실험실과 실제 운전 상황에서 비교하는 수많은 연구를 진행했다. 이들의 연구 결과는 모런트와 로크웰의 연구 결과를 확장하고, 초보 운전자와 숙련된 운전자가 다른 유형의 도로에서 다르게 행동한다는 사실을 추가로 보여 주었다. 숙련된 운전자는 일반적으로 주의의 범위가 넓었으나 상황에 따라 탐색의 너비는 다양했다. 이들은 다른 유형의 도로보다 중앙 분리대가 있는 자동차 전용 도로에서 시선 고정의 범위가 가로와 세로 둘 다 더 넓게 나타났다. 이들의 시선 고정 지속 시간은 까다로운 도로에서 더 짧게 나타났는데 아마도 장면에서 더 많은 정보를 추출하기 위해서인 것으로 보인다. 초보 운전자들의 시선 고정 행동은 도로의 난이도에 상관없이 거의 차이가 없었다.

시노다, 헤이호, 스리바스타바(2001)의 연구는 숙련된 운전자가 실제로 필요할 때 정보를 얻기 위해 어떻게 시각 환경을 적극적으로 샘플링하는지 보여 주는 훌륭한 예를 제공한다. 숙련자들은 작업과 직접적 관련이 있는 정보는 습득하고 무관한 정보는 무시한다. 실험 참가자들은 운전 시뮬레이터 속의 컴퓨터가 만든 가상 마을 주변을 '주행'했다. 이따금씩 '주차 금지' 표지판이 잠깐 동안 '정지' 표지판으로 변했다. 이러한 변화를 감지하는 것은 원래 정지 표지판이 어디에 있는지, 그리고 언제 그 표지판을 봐야 하는지에 대한 운전자의 인지 여부에 달려 있었다. 예를 들어 운전자들은 표지판이 도로의 블록 중간에 있으면 표지판이 교차로 직전에 위치해 있을 때보다 훨씬 더 알아채지 못하는 경향을 보였다.

눈동자 움직임 기록에 관한 연구는 시선 고정 패턴이 외부 요소('아래서 위로')와 내부 요소('위에서 아래로')의 상호작용에 의해 결정된다는 것을 보여 준다. 운전자의 시선 고정 패턴은 (그리고 암시적으로, 그들의 주의 분산) 과거 경험에 많이 의존한다. 즉, 운전자들은 보통 어디를 봐야 할지, 무엇을 봐야 할지, 언제 봐야 할지 알고 있다. 이와 같은 '하향식' 주의 분할은 매우 효율적이지만 대가를 수반하기도 한다. 찾기를 기대하는 것을 보는 전략은 때로는 실제로 거기에 있는 것을 간과한다는 의미이기 때문이다. 심리학자 리처드 그레고리의 표현대로 "[우리는] 우리가 보는 것을 믿을 뿐 아니라 우리가 믿는 것을 본다."

오토바이의 명료성

오토바이 사고의 약 75%는 다른 도로 사용자와의 충돌로 발생한다(유럽 오토바이 제조사 협회, 2009). 이러한 충돌 사고 중 많은 경우 교차로에서 차량이 튀어나왔거나, 차량이 오토바이의 진행 경로를 가로질러 돌았다(그림 1.3).

가해 차량에게 오토바이에 길을 양보하지 않은 이유를 물으면 그들은 종종 "전방을 주시하고 있었지만 보지 못했다"고 답한다. 이러한 유형의 발언은 많은 연구자들에 의해 액면 그대로 받아들여졌는데 오토바이를 발견하기 어렵다는 것이 상식으로 여겨졌기 때문이다. 근본적인 문제는 오토바이의 작은 크기로 인해 시각 시스템이 감지하기 어렵다는 것이다. 이러한 문제는 오토바이 운전자의 감각적 명료성을 '향상'시키기 위한 방법에 대한 많은 연구로 이어졌다. 일반적으로는 대낮에도 오토바이의 전조등을 켜게 한다든지, 오토바이를 더 밝아 보이게 하려고 운전자에게 형광 옷을 입게 하는 등의 방법이 사용되었다. 그러나 이 문제에 관한 심층 연구 결과 이런 생각은 잘못된 것으로 밝혀졌다. 그 증거를 하나씩 살펴보기로 하자.

그림 1.3   오토바이 사고의 흔한 유형: 교차로에서 운전자가 튀어나와 주 도로에서 우선 통행권이 있는 오토바이와 충돌한다.

1. 오토바이를 "보지 못했다"는 말은 실제로 무슨 뜻일까?

운전자가 "전방을 주시하고 있었지만 오토바이를 보지 못했다"고 말할 때 종종 그 의미가 오토바이가 보일 수 없었다는 것으로 받아들여진다. 그러나 이는 운전자가 실제로 말하는 것을 넘어선 해석이다. 여기서 확실한 모든 것은 운전자는 오토바이가 오고 있는 방향을 바라보았다고 주장하지만 알 수 없는 이유로 오토바이의 존재를 인식하지 못했다는 사실이다. 과학에서는 자신이 갖고 있는 실제 자료와 그 자료에 대한 이론적 해석을 구별하는 것이 언제나 중요하지만 이 주제를 연구하는 연구자들은 이 둘을 혼동한다. 운전자의 이러한 발언에 대한 기존 해석은 이런 식이다. 연구자가 오토바이는 물리적으로 감지하기 어렵다고 미리 가정했기 때문에 빚어진 해석이다.

2. 실제로 오토바이를 발견하기 어려울까?

같은 거리에서 보았을 때 오토바이가 자동차나 트럭보다 전면부가 훨씬 좁은 것은 사실이다. 그러나 감지하기 좀 더 '어려운' 것은 감지 자체가 '힘든' 것과는 다르다. 많은 충돌 사고가 대낮에, 날씨가 좋을 때, 그리고 중요한 것은 '오토바이가 해당 차와 지나치게 가까워 충돌을 피할 수 없는 때에도 일어난다.' 이런 상황에서는 오토바이가 감각적 감지 한계를 훨씬 초과하여 운전자의 망막에 매우 큰 이미지를 생성하므로 절대 오토바이를 감지하지 못할 수가 없다(그림 1.4 참조). 가까이 있는 물체는 운전자의 망막에 매우 큰 이미지를 생성하고 멀리 떨어져 있는 큰 물체는 작은 이미지를 생성한다. 엄지손가락을 눈 가까이에 대면 8억 6500만 마일 떨어져 있는 태양도 가릴 수 있다. 중요한 것은 망막에 맺히는 이미지이지 물체 자체의 크기가 아니다. 더구나 가까이에 있는 오토바이는 크다!

그림 1.4 오토바이가 다른 차량보다 물리적으로 작다 하더라도 중요한 것은 망막의 이미지이다. 가까이 있는 오토바이의 망막 이미지는 멀리 있는 자동차보다 크다. (입증을 위해 자동차의 이미지를 오려 오토바이 바로 옆에 배치하였다.)

3. 왜 어떤 사람들은 오토바이를 감지하고 어떤 사람들은 하지 못할까?

오토바이 운전에 대해 잘 알거나 오토바이 운전자들(차와 오토바이 둘 다 운전하는 사람들)은 오토바이 앞으로 튀어 나가는 경향이 덜하다(마가쭈, 코멜리, 마리노니 2006; 유럽 오토바이 제조사 협회, 2009). 이들과 오토바이에 문외한인 사람들 사이에 시각 시스템의 차이가 있을 가능성은 낮아 보인다. 그보다는 이들이 오토바이를 모르는 운전자보다 교차로에서 움직이기 전에 더 효과적으로 오토바이를 탐색해 낼 확률이 높다. 이들이 오토바이를 볼 수 있다면 누구나 볼 수 있어야 하므로 감각적 시력이 떨어진다는 이유는 LBFS 사고에 대한 주된 설명이 될 수 없다.

4. 운전자들은 "눈에 잘 띄는" 물체 앞으로도 돌진한다.

"전방을 주시하고 있었으나 보지 못한" 교통사고가 오토바이와 자전거 사고의 가장 흔한 형태이지만 가끔 운전자들은 트럭이나 버스 같은 대형 차량이 앞에 있어도 튀어나간다. 아무도 이러한 대형 차량이 감각적 탐지 한계에 미치지 못한다고 주장하지 않을 것이다. 주차되어 있는 경찰차 뒤를 들이박고도 미처 보지 못했다고 주장하는 운전자들도 있다!(랭엄 외. 2002) 경찰차의 번쩍이는 불빛과 눈에 확 띄는 표시를 감안하면 경찰차를 감지하기 힘들다고 주장하기는 어려울 것이다.

5. 주간 전조등 점등과 형광 의상은 오토바이를 쉽게 발견하도록 유도할 수 있다.

명료성 향상 보조 도구가 도움이 된다는 증거는 실제로는 매우 희박하다. 오토바이를 대상으로 한 주간 전조등 강제 점등법 시행 이전과 이후 각국 오토바이 사고 통계 연구에 의하면 일반적으로 거의 효과가 없는 것으로 나타났다. 명료성 제고의 긍정적 효과를 확인했다고 알려진 1970년대 여러 실험적 연구는 오늘날에도 널리 인용되지만, 실제로는 그 연구의 결론을 무효로 만들 수 있는 심각한 방법론적 오류를 갖고 있다. 921건의 유럽 오토바이 사고에 대한 심층 연구(유럽 오토바이 제조사 협회, 2009)에서는 69%의 오토바이가 사고 당시 전조등을 켠 상태였다는 것이 밝혀졌다. 이는 전조등이 다른 차량이 오토바이를 발견하는데 도움이 되지 않았다는 것을 암시한다.

명료성 향상 보조 도구가 오토바이 운전자가 다른 차량을 발견할 가능성을 높일지는 몰라도 이들 도구가 감각 결손을 개선한다는 증거는 없다. 또다시 이 주장은 데이터(감지 능력의 향상)와 해석을 혼동하고 있다. 단순하게 해석하면 명료성 향상 보조 도구가 오토바이 운전자의 감각적 '신호'를 향상시켜 탐지 한계를 높인다고 할 수도 있다. 또 다르게 해석하면 그러한 것들이 오토바이 운전자의 인지적 시력을 향상시킨다고도 할 수 있다.

오토바이 명료성(과 운행 전반)에서 기대의 역할

오토바이가 단순히 감각적 관점에서 감지하기 어려운 것이 아니라는 압도적 증거가 있다. 그렇다면 왜 운전자들은 오토바이(또는 주차된 경찰차)를 보지 못할까? 아마도 그들이 잘못된 기대나 부적당한 도식을 갖고 있기 때문일 것이다. 운전자들이 교차로에서 보게 될 것이라고 예상하는 것이 주로 자동차나 트럭이기 때문일 것이다. 오토바이나 자전거는 상대적으로 드물어서 전체 교통량의 1%도 되지 않는다. 오토바이나 자전거는 예측하지 못한 것이기 때문에 이에 대한 정보가 운전자의 의식적 인식에 도달하지 않는다. 다시 말해, LBFS 사고는 감각적 시력이 아니라 인지적 시력에서 파생되는 문제이다.

이륜차의 명료성에 영향을 미치는 운전자의 예상에 관한 증거는 여러 경로를 통해 얻을 수 있다. 리사 티렐과 내가 함께 진행한 실험에 따르면 참가자들이 전조등을 켠 오토바이 사진을 되풀이하여 본 후에는 가까이 있는 (따라서 망막에 큰 이미지를 맺는) 오토바이라 하더라도 전조등을 켜지 않은 오토바이에는 참가자들이 훨씬 더 느리게 반응했다. 어떤 참가자들은 전조등 점등에 상관없이 모든 오토바이를 보지 못했다. 이에 따르면 운전자들의 예상이 인식의 '세트'나 '도식'을 만들어 내는 것으로 보인다.

인간의 정보 처리 모델 중 매우 영향력이 큰 모델은 도널드 노먼과 팀 샬리스에 의해 고안되었다. 그 내용은 많은 일상적 행위가 '만족 계획 시스템'에 의해 자동으로 일어나며 이러한 시스템은 환경적 유발을 사용해 도식을 활성화한다는 것이다(본 내용의 휴대폰 사용 관련 논의는 2장 참조). 숙련된 운전자는 교차로에서 여러 번 운전한 경험이 있을 것이고 이에 대한 잘 발달된 도식을 갖고 있을 것이다. 실험 참가자들이 전조등을 켠 오토바이에 반복적으로 노출되면 오토바이보다는 전조등에 집중하도록 유도되었을 수 있고, 그 결과 이 단순한 전조등이라는 인식적 속성이 '마주 오는 오토바이'라는 도식을 활성화하는 데 충분한 조건이 될 수 있다. 여기서 더 중요한 것은 전조등이 켜져 있지 않으면 실제로 오토바이가 있어도 이 도식이 활성화되지 않는다는 점이다. 운전에는 상당한 시간적 압박이 수반되며 특히 교차로에서 그렇다. 이에 대처하는 한 가지 방법은 그 장면에 대한 분석을 오래 상세하게 하기보다 행동이 시작되는 기본 조건으로 최소 신호를 활용하는 것이다.

경험을 통해 환경적 유발을 발달시킬 수 있고 그렇게 되면 운전자의 환경에 대한 상세한 인식 분석에 효과적 대안이 될 것이다. 예를 들어 전조등은 '오토바이', 경광등은 '자전거', 가로로 나란한 작은 방울 모양 불빛은 '자동차'라는 신호면 충분할 것이다. 이러한 환경적 유발을 탐지하기만 하면 교차로에서 출발하는 것이 안전한지 아닌지 판단을 내릴 수 있을 것이다. 그러나 환경적 유발에 의존했을 때의 불행한 결과는 만약 그 유발이 없는 경우 운전자들이 인식 한계치를 훨씬 넘을지라도 차량을 감지하지 못할 수도 있다는 것이다(실험에서 전조등을 켜지 않은, 바로 옆 오토바이의 사례처럼).

이 연구 결과가 말해 주는 것은 전조등을 사용하면 오토바이 운전자의 명료성이 향상될 수 있지만 그것이 감각적 시력 결함을 개선하기 때문은 아니라는 점이다. 그 대신 전조등 사용이 인지적 시력을 향상시키며, 이는 운전자가 이미 오토바이와 연결 지어 생각하는 신호를 제공하거나, 정상을 벗어났음을 알리는 신호를 제공해 주의를 환기시킨 결과이다.

이 설명은 또한 왜 운전자들이 가끔씩 주차된 경찰차를 들이받는지 말해 준다. 랭엄 외 연구진들의 연구에 의하면 이런 충돌 사고는 경찰차가 직선 코스에 주차되어 있을 때 발생하는 경향이 있다. 고속 도로에서는 운전자들이 다른 차들에 상대적으로 신경을 덜 쓰게 되는데 모든 차량이 거의 비슷한 속도로 같은 방향으로 달리기 때문이다. 이런 유형의 도로에서는 자기 차선에 서 있는 차량과 거의 마주할 일이 없다. 그러므로 운전자가 앞에 있는 차를 보았을 때 그 차도 자신과 같은 방향으로 움직이고 있다고 가정하는 것이 당연하다. 갓길에 주차되어 있는 경찰차는 움직이는 차와 똑같은 도식을 활성화시킨다. 가까워지는 것(망막에 갑자기 확장되어 나타나는 경찰차의 이미지)만으로는 차가 정차해 있다는 사실에 대한 명백한 신호가 되지 않으며, 피하려할 때는 너무 늦는다. 우리 연구진은 고속 도로에서 경찰차가 45도로 주차되어 있으면 더 빨리 인식할 수 있다는 사실을 발견했다. 이런 방향으로 주차된 경찰차는 다른 차 운전자에게 무언가 일상적이지— 단순히 운행 중인 다른 차량—않다는 강력한 신호를 보낸다.

종합해 볼 때 이들 실험은 운전자가 가끔은 객관적으로 매우 눈에 잘 띄는 물체라도 발견하지 못할 수 있다는 증거를 제공한다. 높은 감각적 시력이 항상 물체의 탐지를 보장하는 충분조건은 아니다.

운전자의 환경에서 잠재적으로 중요한 자극이 완벽히 탐지되지 않을 수도 있다는 생각은 '무주의 맹시inattentional blindness'라는 현상으로 뒷받침된다. 사람들은 어떤 것을 직접 바라보고 있으면서도 주의를 집중하지 않고 있으면 감지하지 못할 수도 있다. 심지어 주의를 기울이지 않은 자극이 오랫동안 중심시에 머물러 있을 때에도 그렇다. 이에 관한 시몬스와 샤브리의 실험(1999)은 대중의 마음을 사로잡았다. 이 실험에서 참가자들은 사람들이 공 패스 게임을 하는 비디오를 시청했는데, 누가 누구에게 공을 패스하는지에 너무 집중한 나머지 고릴라 복장을 한 사람이 게임하는 사람들 사이에서 자기 가슴을 두드리는 것을 보지 못했다!

무주의 맹시는 '전방을 주시했으나 보지 못한' 많은 사고에 대해 설득력 있는 설명이 된다. 교차로에 있는 운전자는 자동차를 보게 될 것이라고 예상하고 자동차에 대한 인지적 판단(예를 들면 출발해도 안전할 만큼 충분히 거리가 있는지)을 하기 위해 특히 자동차가 오는지를 살핀다. 만약 이 주요 작업에 주의가 집중되어 있으면 운전자는 오토바이나 자전거가 시선이 고정된 지점에 가까이 있다 하더라도 의식적으로 인지하지 못하게 될 가능성이 있다.

결론

시각 인식은 뇌의 입장에서는 믿을 수 없을 만큼 어려운 작업이고 우리는 운전 중에 시각 시스템에 많은 것을 요구하게 된다. 스웨덴 출신의 심리학자 코레루마르가 지적하는 바에 따르면, 현대인은 우리의 선조 시절 시속 10~15마일로 초원을 달리며 방향을 파악하면서 진화한 원시적인 시각 시스템에 의존해 현대에 고속으로 운전하고 있다. 시각 시스템의 주 역할은 "주변에 무엇이 있으며 그것이 나에게 얼마나 쓸모 있거나 혹은 위험한가?"라는 질문에 신속하지만 가끔은 임시변통의 답을 내놓는 것이다. 따라서 우리의 시각 능력은 운전에 관한 한 이따금 우리의 기대를 저버린다.

주의 집중은 시각 처리 과정에서 중요하고도 필수적인 측면이다. 인식하고 있는 상황이라 하더라도 주의는 우리가 무엇을 볼지, 언제 대상을 볼지를 결정하며, 우리의 주의는 내적 요소와 외적 요소의 복잡한 상호 작용에 근거하여 배분된다. 한편으로는 자극의 밝기, 갑작스런 동작 등의 높은 감각적 명료성을 가진 자극에 우선순위를 두고 주의를 분배하는 것은 중요하다. 그러나 다른 한편으로는 새로운 장면을 만날 때마다 무無에서 시작하는 것보다 과거의 경험을 근거로 주의를 할당하는 것이 합리적이다. 현재 진행 중인 작업과 관련이 있을 것 같은 자극에 주의를 집중하는 것 또한 타당하다. 이는 시력이라는 감각이 운전자의 주의 집중과 그에 따른 인식을 결정하는 단일 요인은 아니며, '내적' 요소도 감각인 시력 이상으로 중요할 수 있다는 의미이다.

연구 결과 '감각' 인식의 실패 탓으로 생각했던 많은 사고가 실제로는 주의 집중 문제 때문인 것으로 밝혀졌다. 이러한 구분은 단순히 학문적인 것이 아니다. 감각적 명료함이 의식적 감지를 보장하지 못한다는 사실을 간과한 채 많은 연구자들은 인지 실패로 인한 오토바이 사고와 관련한 연구에서 막다른 골목에 이르게 되었고, 그 결과 운전자가 오토바이를 의식적으로 인지할 수 있게 만드는 방법을 찾기보다는 오토바이를 밝게 만드는 데만 집중했다. 이는 안타까운 정책으로 이어지기도 했는데 유럽 연합의 주간 자동차 전조등 강제 점등과 같은 결정이 그 예이다. 이 정책은 '오토바이가 있음'을 의미하는 독특한 '축약 코드'를 없애 버리는 결과를 가져와 오토바이 운전자의 안전을 악화시켰을 수도 있다. 이 논란과 맥을 같이 하여 카발로와 핀토(2012)의 실험에서는 자동차의 주간 점등이 오토바이, 자전거, 행인의 시각적 명료성을 오히려 낮췄다는 결과를 얻었다.

　숙련된 운전자라면 다음에 무슨 일이 일어날지 예측하게 만드는 과거 경험과 시각 정보를 결합하여 도로 앞 상황을 '읽을' 것이다. 예측은 반응할 시간을 벌어 준다. 우리의 반응이 아무리 빠르다고 해도 운전자가 실제 일어나는 모든 사건에 끊임없이 반응해야 한다면 보행 속도 이상으로 운전하기도 힘들 것이다. 그러나 앞에서 살펴본 바와 같이 실제로 존재하는 것이 아닌, 보게 될 것이라는 예측을 근거로 운전하면 종종 대가가 수반될 수도 있다.

02
산만한 운전

'인포테인먼트infotainment(운전에 필요한 도로 안내 등 필요한 정보를 뜻하는 인포메이션information과 다양한 오락거리를 포함한 인간 친화적 기능을 말하는 엔터테인먼트entertainment를 통합한 시스템— 옮긴이 주)'는 유망한 사업이다. 자동차 제조사들은 차와 외부 세계의 소통을 용이하게 만드는 첨단 기술로 차를 가득 채우는 경쟁에 여념이 없다. 대부분의 신차에서는 운전자가 차의 오디오 시스템에 연결된 블루투스 기능을 통해 휴대폰으로 통화하고, 인공위성을 통해 내비게이션을 사용하며, 인터넷에 연결할 수 있다. 일부 차에서는 음성 인식

인터페이스를 통해 이메일을 주고받을 수도 있다. 그렇다면 이러한 모든 기술은 어느 정도로 운전자의 주의 집중을 방해할까?

"주의 산만"이란

자동차 제조사들은 탑재된 인포테인먼트 시스템을 사용해도 운전자들이 계속 도로를 주시할 수 있고, 운전대에서 손을 떼지 않아도 되기 때문에 "안전하다"고 주장한다. 그러나 앞으로 알게 되겠지만, 운전자가 다른 곳에 신경을 쓰면 전방을 주시하고 있다 하더라도 주의가 산만해진다. 실제로 주의가 산만해지는 것이 얼마나 위험한지는 여러 요인, 즉 해당 활동이 얼마나 주의를 흩뜨려 놓는지, 얼마나 자주 그 행동을 하는지, 얼마나 오래 하는지, 그리고 언제 하는지에 달려 있다. 라디오 채널을 선택하는 행동이 운전자가 도로에서 시선을 떼고 운전대에서 손을 떼므로 매우 주의를 산만하게 만든다고 주장할 수도 있다. 하지만 실제로는 이러한 행동이 그렇게 위험하지 않을 수도 있다. 비교적 자주 하는 행동도 아니고, 신경을 많이 쓰게 만들지도 않으며, 언제 행동할지를 운전자가 선택할 수 있기 때문이다. 오히려 휴대폰으로 전화를 받는 것이 훨씬 더 위험할 수 있다. 주의가 산만해지는 시간이 길어질 수 있고, 종종 통화 내용에 신경을 많이 써야 할 수도 있으며, 운전자가 전화를 받는 경우라면 전화가 걸려 오는 시간을 통제할 수 없기 때문이다.

연구에 따르면 운전자들은 일반적으로 예상하는 것보다 훨씬 더 자주 주의가 산만해진다. 미국 버지니아 공대 교통 연구소Virginia Tech Transportation Institute에서는 자연스런 상황에서의 운전 행동에 관한 여러 연구를 진행했다. 연구소 측은 실험 자원자의 차에 차량 내·외부에서 일어나는 일을 기록하기 위한 작은 카메라 여러 대와 전방 레이더, 알코올 센서, 가속도계, 위성 항법 시스템GPS 등을 설치했고, 자원자는 평소처럼 운전했다. 교통사고는 상대적으로 드물기 때문에 이런 유형의 연구 대부분이 충돌 사고와 거의 충돌 직전까지 간 사건에 대한 확고한 결론을 얻기에는 규모가 너무 작다. 그러나 2016년에 발표된 버지니아 공대의 최근 연구에서는 3년에 걸쳐 3500명의 운전자를 관찰하고 3500만 마일의 운전 거리에 관한 자료를 수집했다. 이는 충돌 사고에 관한 상당한 샘플을 수집하고 거의 충돌 직전까지 간 사건을 조사하기에 충분할 수준이다.

톰 딩거스 외 연구진은 부상과 차량 파손을 포함한 905건의 교통사고를 살펴볼 수 있었다. 이 연구에서는 '사례-대조' 방법을 사용해 충돌 직전 운전자가 무엇을 하고 있었는지를 살펴보고, 충돌까지 이르지 않은 많은 다른 기준선 샘플 사건들과 비교했다. 이를 통해 교차비odd ratio—운전자가 특정 행동을 하고 있을 때 "모범 운전자(민첩하고, 운전에 집중하고, 술을 마시지 않은)"에 비해 얼마나 충돌 가능성이 높아지는지—를 계산할 수 있었다.

종합해 보면 운전자들은 전체 운전 시간의 절반 이상을 주의를 산만하게 만드는 행동을 하고 있었다. 그리고 이런 행동은 주의를 집중했을 때와 비교하면 충돌 위험을 두 배나 높인 것으로 나타났다. 그러나 '주의 산만'의 범주에는 음식 섭취, 음료 마시기, 흡연, 계기판 조작, 동승자와 대화, 전화 걸기, 문자 보내기 등 다양한 활동이 포함되었다. 여러 다른 산만한 행동은 각기 다른 정도의 위험과 연관이 있었다. 터치스크린을 조작한 경우 운전에 집중했을 때보다 충돌 가능성이 다섯 배 높았다. 휴대폰을 손에 들고 통화할 경우 충돌 가능성이 약 네 배였는데 이는 흥미롭게도 레델마이어와 팁쉬라니(1997)의 휴대폰 사용 운전자에 관한 초기 연구 결과와 매우 흡사하다. 딩거스 외 연구진은 운전자들이 총 운전 시간 중 6%에 해당하는 동안 통화한다는 사실을 보여 주었다. 이 수치를 근거로 딩거스 외 연구진은 미국 내에서 발생하는 1100만 교통사고 중 400만 건이 운전자의 주의가 산만하지 않았다면 피할 수 있었을 것이라고 결론지었다.

휴대폰

———

주의를 산만하게 만드는 요인 중에 심리학자들이 가장 크게 주목하는 것은 휴대폰이다. 운전 중 통화는 얼마나 안전할까? 여러 나라에서 손으로 휴대폰을 들고 하는 통화는 금지하지만 핸즈프리 모드 사용은 허용하고 있다. 앞에서도 언급했듯 이러한 입장은 운전자가 두 손으로 핸들을 잡고 있고 전방을 주시하고 있다면 안전하다는 가정에 근거한 것이다. 그러나 현재 운전 중 통화는 휴대폰을 손에 들고 하건 핸즈프리 모드로 사용하건 상관없이 집중 능력을 심각하게 저하시킨다는 엄청난 양의 증거가 있다.

이 사실은 매우 다양한 기법을 사용하여 증명되었다. 여러 실험실 연구에서는 영국 운전면허 시험의 위험 인식 요소와 비슷한 작업을 채택했는데, 참가자들은 운전자의 관점에서 촬영된 비디오를 보고 위험 요소를 찾았다. 위험을 발견할 때마다 그들은 버튼을 누르거나 '브레이크 페달'을 밟음으로써 가능한 한 신속하게 반응했다. 다른 연구에서는 운전 시뮬레이터에서의 수행 능력을 측정했는데, 운전자들이 차를 얼마나 잘 제어하는지(안전거리 확보, 차선 준수 등의 측면에서)와 행인이 도로로 뛰어들거나 앞 차량이 급브레이크를 밟는 것 같은 상황에 얼마나 잘 대응하는지 기록하였다. 어떤 연구자들은 실제 운전 상황을 계기판을 갖춘 차량으로 시험 주행 도로나 공공 도로에서 실시하기도 했다. 많은 연구에서 운전자의 눈동자 움직임이 휴대폰 사용으로 어떻게 영향을 받는지를 살펴보았고, 또 다른 연구에서는 휴대폰 사용이 두뇌 활동에 미치는 영향을 조사하기 위해 뇌파 측정 장치를 사용하기도 했다.

심리학에서 실험 결과가 이렇게 일관적인 영역도 드물 것이다. 앳취리, 트랜, 살레니아드(2017)는 운전자 주의 분산에 관한 342건의 연구에서 자료를 수집했다. 휴대폰 사용의 결과와 관련해 드러난 그림은 매우 명백했다. 즉, 휴대폰을 손으로 들고 통화할 때 측정 대상 147건 중 약 82%에서 능력이 저하되었다는 증거가 나타났다. 이 결과는 핸즈프리 모드로 통화할 때와 놀랍도록 비슷한 양상을 보였는데, 이 경우는 270건 중 81%에서 능력이 저하되었다.

차선 준수와 안전거리 확보는 통화하며 운전할 때 더 들쭉날쭉한 경향을 보였다. 이러한 측정치는 초기 연구들에서 집중 조명되었는데 운전의 이러한 측면이 가장 정량화하기 쉽기 때문이다. 그러나 도로 안전이라는 관점에서 보면 운전 중 통화의 가장 중요한 결과는 인지 능력 저하이다. 현재로서는 통화하며 운전하면 위험을 더 감지하지 못하고, 감지한 위험에 대한 반응 시간도 더 오래 걸린다는 것이 많은 연구에 의해 밝혀졌다. 긴급히 브레이크를 밟아야 할 상황에서 반응 시간은 운전에 집중한 운전자보다 적어도 0.5초 더 걸렸다. (여러 다른 연구에서는 훨씬 더 오래 걸리는 것으로 나와서 이는 매우 보수적인 추정치이다.) 0.5초가 별 차이 아닌 것처럼 들릴지도 모르지만, 시속 113킬로미터에서 차량은 초당 31미터를 달린다. 고속 도로에서 통화하며 운전하는 경우라면 정상 제동 거리에 15미터가 추가된다. 15미터면 포드Ford 사의 피에스타Fiesta(포드 사의 베스트셀러 소형차―옮긴이 주) 네 대를 나란히 세운 것과 같은 길이다. 0.5초면 물체에 부딪치거나 충돌을 피할 수 있는 차이이거나 생명을 살릴 수 있는 충돌과 치명적인 충돌이 판가름 날 수 있는 차이이다.

눈동자 추적 연구에 따르면 운전 중 휴대폰 사용은 운전자가 전체를 훑어보는 패턴에 영향을 주는 것으로 나타났다. 이때 운전자는 차가 진행하는 방향의 전방만 똑바로 주시하고 측면이나 후방은 훨씬 덜 보는 경향이 있다. 또한 운전자들은 측면과 후방에서 일어나는 상황에 제대로 반응하지 못하고 일종의 '인지적 터널 시야' 현상을 보인다. 또한 전방에서 일어나는 사건에도 반응하지 못할 수 있다. 눈동자 추적 연구에 의하면 운전자의 눈이 잠재적 위험에 직접 고정되어 있는데도 불구하고 제대로 반응하지 못했다. (1장의 '전방을 주시하고 있으면서도 보지 못한' 사고에 관한 논의를 기억하기 바란다.)

1장에서 '무주의 맹시'에 관해 살펴본 바 있다. 운전자가 한 가지 시각적 업무 수행에 몰두하고 있다면 동일한 영역에서 무슨 변화가 생긴다고 해도 그 변화를 전혀 인식하지 못할 수도 있다는 내용이었다. 하이만 외 연구진(2010)은 실험에서 어떻게 전화 사용이 무주의 맹시를 초래할 수 있는지 잘 보여 주었다. 연구진은 건물 사이 안뜰을 지나가는 행인들을 촬영하고 이들이 혼자 걷는지, 주의하면서 걷는지, 친구와 동행했는지, MP3로 음악을 들으며 걷는지, 휴대폰을 사용하면서 걷는지를 기록했다. 휴대폰을 사용하며 걷던 사람들은 다른 사람들과 더 자주 부딪혔다. 또한 안뜰에는 외발자전거를 타는 어릿광대가 있었는데, 광장을 벗어난 행인들에게 특이한 것을 보았는지 물어보자 MP3 사용자의 61%가 어릿광대를 보았다고 답한 반면 휴대폰 사용자는 25%만이 어릿광대를 보았다고 답했다.

운전자의 수행 능력에 미치는 이런 모든 영향은 '상황 인식'에 문제가 있음을 나타낸다고 요약할 수 있다. 운전이라는 맥락에서 제대로 상황 인식을 한다는 의미는 도로의 다른 차량들이 현재 무엇을 하고 있고, 바로 다음에는 무엇을 할 것인지를 완벽히 인식하고 있다는 뜻이다. 전화하며 운전 중인 사람들에게서 나타난 대부분의 수행 능력 저하는 근본적인 상황 인식 부족 증상으로 볼 수 있다. 그들에게 나타나는 '시선의 고정'은 자신의 차량 바로 앞 말고는 다른 어떤 정보도 얻을 수 없는 상태이며, 만약 자신의 '내부 세상'에 집중하고 있다면 차량 바로 앞의 정보에도 제대로 집중하기 어렵다는 의미다. 통화 중인 운전자는 차량의 미러를 보는 횟수가 더 적었고 그 결과 자신의 차량 뒤에서 무슨 일이 일어나는지 알지 못했다. 주변 환경을 잘 인식하지 못하므로 그들은 갑자기 나타나는 위험을 예상하는 능력이 떨어진다. 그리고 사람들은 예상하지 못한 사건에는 잘 대처하지 못한다.

마지막으로 휴대폰 통화가 끝난 후에도 운전자의 주의가 산만해질 수 있다는 것을 보여 주는 뇌파 검사 연구 증거가 있다. 심사숙고(통화 내용을 곰곰이 되씹는 것) 과정 동안에는 위험 감지 능력이 저하되었고, 뇌의 시각 영역과 문제 해결을 담당한 영역이 덜 활성화된다는 것을 보여 주는 뇌파 변화가 나타났다. 이 결과는 20년 전 실제 상황에서 운전자들을 대상으로 실시한 레델마이어와 팁쉬라니(1997)의 흥미로운 실험 결과를 설명해 줄 수 있다. 이 실험에서는 운전 중 휴대폰 사용으로 인해 통화 당시뿐 아니라 통화 종료 10분 후까지 사고 위험이 증가된다고 밝혀진 바 있다.

데이비드 스트레이어 외 미국 유타 대학교 연구진은 휴대폰 사용과 다른 유형의 주의를 흩뜨리는 잠재적 요소들을 비교했다(스트레이어, 왓슨, 드루, 2011). 연구진은 시뮬레이터를 사용하여 라디오에서 흘러나오는 음악을 듣는 것보다 통화가 운전 수행 능력을 더 떨어트린다는 사실을 발견했다. 수동적으로 라디오를 들을 때에는 대화에 비해 정신적 자원이 훨씬 덜 필요하다. 누구에게 말을 하는 것은 '상호 작용'이기 때문이다. 다시 말해 운전자는 다른 사람이 말한 것을 해독하고, 기억하고, 무엇이라고 대답할지 생각해야 한다. 대화에는 당연히 일종의 문제 해결 과정이 수반되고 그 과정은 정신적 자원을 추가로 고갈시킨다.

이러한 모든 것이 휴대폰 통화뿐 아니라 동승자와의 대화에도 똑같이 적용된다. 그러나 휴대폰 통화는 동승자와의 대화보다 더 주의를 산만하게 만드는데 이는 눈에 보이는 동승자보다 눈에 보이지 않는 사람이 더 주의를 산만하게 만든다는 여러 연구에 의해 증명된 바 있다. 그 이유로는 첫째, 눈에 보이는 동승자는 운전자의 현재 상황을 알고 있으며, 교통 상황도 볼 수 있고, 운전자가 운전과 대화를 동시에 감당할 수 있는지 판단할 수도 있다. 그러므로 동승자는 대화를 상황에 맞게 조절할 수 있어 운전자가 까다로운 교차로나 우회 도로를 찾는 동안에는 대화를 중단할 수 있다. 반면 통화하는 상대방은 그렇지 않다. 둘째, 얼굴을 맞대고 하는 대화에는 다음 내용으로 전환을 쉽게 만드는 미묘한 비 언어적 신호가 많이 사용된다. 그러나 볼 수 없는 상대방과 대화를 유지하는 것은 이러한 도움 없이 이루어지므로 정신적으로 훨씬 더 힘든 일이다.

주의와 다중 작업의 이론적 모델

———

휴대폰 사용이 운전 수행 능력을 저하시키는 것이 명백하지만 그 이유가 무엇일까? 어쨌든 어떤 상황에서는 우리는 다중 작업을 꽤 효과적으로 해낼 수 있는 것처럼 보인다. 이에 관해 내가 가장 즐겨 드는 예가 19세기 작곡가이자 피아노의 거장 프란츠 리스트이다. 리스트는 독서를 하는 동시에 음계와 아르페지오(분산 화음)를 몇 시간씩 연습하곤 했다. 그렇다면 왜 운전자들은 전화 통화를 하면서 동시에 운전할 수 없는 걸까? 이 질문에 답을 하려면 다중 작업 수행의 이론적 모델을 살펴볼 필요가 있다.

인지 심리학의 중심 개념은 인간이 어느 특정 작업이나 작업 세트에 사용할 수 있는 정신적 자원이 한정적이라는 것이다. 대부분의 주의와 수행 능력에 관한 현대 이론에서는 이러한 자원을 어느 정도까지는 각기 다른 활동에 분산시킬 수 있다고 말한다. 정보 처리는 여러 가지 다른 차원에서 일어나는데, 일부는 의식적이고 다른 일부는 무의식적이라는 것이 일반적 개념이다. 정보 처리에 관한 노먼과 샬리스(1986)의 모델에서는 행동을 통제하는 방법에 두 가지 다른 방법이 있다고 말한다. 하나는 자동적이고 빠르지만 상당히 유연하지 못한, 낮은 차원의 '경합 스케줄링 contention scheduling'이고 다른 하나는 더 느리고 유연하지만 의식적 정보 처리를 필요로 하는 (그러므로 우리의 제한된 인지 자원을 많이 소모하는) 더 높은 수준의 '관리 감독 주의력 시스템'이다. 주변 환경은 도식, 즉 매우 자동적이고 반사적 방법으로 진행되는 행동 패턴을 활성화하는 도화선 역할을 한다. 서로 경쟁하는 도식이 있는 경우 경합 스케줄링 시스템은 어느 것을 실행할지 결정한다. 일상적 활동이 이런 방식으로 처리될 수 있다. 그러나 이례적이거나 복잡한 상황에서는 관리 감독 주의력 시스템이 개입하여 행동을 통제할 수 있다.

이 모델은 숙련된 운전자조차 두 가지 작업을 동시에 해내기 위해 고심해야 하는 상황이 있다는 사실을 설명한다. 일상적 운전의 많은 부분은 익숙한 도로 위에서 매우 반복적이고 예측 가능하게 이루어지기 때문에 이때에는 경합 스케줄링 시스템이 가동되고, 관리 감독 주의력 시스템이 자유롭게 통화를 담당할 수 있다. 차량의 제어(기어 변환, 핸들과 브레이크 조작)는 거의 자동적으로 이루어지고 차선 변경과 운행 속도 또한 때로는 거의 의식적 제어 없이 이루어진다. 많은 운전자들이 익숙한 경로를 따라 어느 순간 목적지에 다다르고 보니 갑자기 어떻게 그곳에 도착했는지 기억이 없는, 소위 '의식 없는 운전 모드'라고 하는 불안한 경험을 가지고 있을 것이다(6장 참조). 행인이 도로 앞으로 뛰어드는 등 무엇인가 이례적인 일이 일어나면 이때 관리 감독 주의력 시스템이 역할을 떠맡는다.

노먼과 샬리스의 모델은 운전자들이 운전 조건이 까다롭지 않을 때 휴대폰을 사용하다가 갑자기 상황이 바뀌고 응급 대응이 필요할 때 대처에 실패하는 과정을 설명한다. 그러나 이 모델은 '운전'이 실제로 단일 작업이 아니라는 사실은 제대로 설명하지 않는다. 덴마크의 영향력 있는 인적 요소 이론가인 옌스 라스무센은 운전이 세 단계로 구성된 것으로 생각된다고 말했다. 가장 낮은 단계는 차량 제어(핸들 조작, 기어 변환, 제동 등)이다. 다음은 '전술적' 단계로 표지판, 행인, 다른 차량에 주의를 기울이는 것을 포함한다. 가장 높은 '전략적' 단계에는 경로 선택, 출발 시간, 속도 같은 과정이 포함된다. 경합 스케줄링을 기반으로 차량 제어를 할 수는 있지만 운전의 더 높은 단계에서는 적어도 어느 정도의 의식적 제어가 필요하다. 결론적으로 운전과 통화로 인한 간섭은 비상 상황이 아닐지라도, 사람들이 예측하는 것보다 훨씬 더 큰 문제가 될 수 있다. 따라서 노먼과 샬리스의 모델을 단순 적용시켜 운전자의 다중 작업 가능 여부의 문제로 생각해서는 안 된다.

크리스토퍼 위킨스의 정보 처리에 관한 '다중 자원 이론'은 다중 작업 상황에서 자원 할당에 대해 훨씬 더 세밀한 접근법을 취하는데 여기서는 어떤 작업이 충돌하고 어떤 작업은 아닌지에 관한 조건을 구체적으로 제시하고자 했다. 위킨스는 자원에 관하여 고려해야 할 것에는 다음과 같은 세 가지 차원이 있다고 말한다. 정보가 입력되는 감각의 양식(예를 들어 청각, 시각 또는 촉각), 정보가 '부호화'되는 방식(예를 들어 공간적 또는 언어적으로), 그리고 필요한 반응 유형(예를 들어 손의 사용 또는 음성 입력)이다. 이들 중 어떤 차원에서라도 같은 자원을 두고 경쟁한다면 작업은 서로 방해받게 된다.

얼핏 보기에 다중 자원 이론에서는 운전과 휴대폰 사용이 양립 가능하다고 예측할 것처럼 보인다. 운전은 시각 입력, 공간적 부호, 손을 사용한 출력인 반면 휴대폰 사용은 청각 입력, 언어적 부호, 음성 출력이라고 주장할 수 있다. 이 두 작업에 필요한 자원은 모든 세 가지 차원에서 매우 다르기 때문에 서로를 간섭하지 않을 것이다. 그러나 연구에 의하면 휴대폰을 사용하는 행위는 실제로는 얼핏 상상하는 것보다 훨씬 더 공간적인 동시에 시각적인 작업이다. 통화할 때에는 종종 시각적 형상화가 이루어지기 때문이다. 이미지를 떠올리는 것과 '실제 세계'에서의 인식은 뇌에서 같은 영역을 공유하므로 처리 과정에서 같은 자원을 두고 직접 경쟁한다. 브릭스, 홀, 랜드(2016)는 시각적 형상화를 필요로 하는 대화와 그렇지 않은 대화의 위험 감지 효과를 비교했다. 두 대화 유형 모두에서 참가자가 위험을 감지하는 데 걸리는 시간이 늘어났지만 결과는 이미지를 떠올려야 하는 대화에서 더 나빴다. 통화하며 운전하는 운전자는 종종 차량 밖 실제 세계보다 내적인 가상의 시각 세계에 더 주의를 집중한다. 그 결과 그들은 돌발 위험 같이 마땅히 주의를 기울여야 하는 사건을 더 많이 놓칠 가능성이 높았다.

일단 휴대폰을 사용하는 작업의 본질을 이해하면 운전과 통화가 시각적 입력이라는 동일한 자원을 두고 경쟁하므로 다중 자원 이론에서 두 작업이 서로 간섭한다는 예상이 가능하다는 것이 명백해진다. 또한 이 이론은 어떻게 리스트가 피아노를 치며 독서를 할 수 있었는지를 설명해 준다. 음계 연습은 청각적 입력(정확한 음표를 치는 것), 공간적 부호, 그리고 수동 출력을 포함한다. 독서는 시각적 입력, 언어적 부호, 그리고 이따금씩 페이지를 넘기는, 약간의 손을 사용한 반응이 포함된다.

리스트의 경우에는 매우 많은 연습으로 인해 그중 한 가지 작업(음계 연습)이 자동적으로 이루어질 수 있을 정도로 예측 가능해진 것이다. 이와는 대조적으로 운전하며 휴대폰을 사용하는 것은 본질적으로 변화무쌍하고 복잡한 작업이므로 둘을 효과적으로 결합하는 것이 훨씬 더 어렵다.

왜 운전 중 휴대폰을 사용할까?

———

통화가 운전 수행 능력에 그렇게 나쁜 영향을 미치는데도 사람들은 왜 운전 중에 통화를 하는 것일까? 운전 중 통화에 대한 위험을 경고하는 공공 캠페인과 그로 인한 치명적 사고를 다룬 많은 언론 보도에도 불구하고 운전 중 통화는 여전히 만연하고 있다.

'계획 행동 이론theory of planned behavior, TPB'에 따르면 어떤 사람이 특정 행동을 할 가능성은 그 행동이 주는 이익, 비용, 용인 가능성에 의해 결정된다고 한다. 많은 운전자들에게 휴대폰 통화는 즉각적으로 큰 이익을 준다. 예를 들어 지루함을 피하고, 업무 효율을 높이고, 친구 및 가족과 사교적 접촉을 유지할 수 있다. 한편 이로 인해 치러야 할 대가에 관해서는 인식이 낮다. 그 이유는 운전자들이 통화하는 동안 사고가 날 확률은 낮거나 거의 없다고 믿으며 휴대폰을 손에 들고 통화했을 때 경찰 단속에 걸릴 매우 희박한 가능성만 피하면 된다고 생각하기 때문이다. 운전하며 통화하는 것은 많은 운전자와 동료들 간에 널리 용인되는 행동이다.

흥미롭게도 여러 연구에 의하면 다른 사람들이 통화 중에 운전 능력이 저하되는 것을 목격하면서도 많은 운전자들이 여전히 운전 중 통화를 한다는 사실을 시인했다! 이러한 논리적 모순 이면에는 다양한 심리학적 요소가 존재한다. 사람들은 누구나 종종 '자기 본위 편향'을 보인다. 다시 말해 다른 사람과 비교하여 자신의 능력(과 운!)을 과대평가해 운전 중 통화 시 다른 사람의 능력은 저하되지만 자신은 대처할 수 있다고 믿는다. 5장에서 살펴보겠지만 사람들의 위기에 대한 평가는 매우 불합리하며 자신이 운전하는 상황에 대해서는 실제보다 훨씬 더 잘 통제할 수 있다고 생각하고 '방어적 신념'(예를 들면 "나는 전화를 사용하지만 도로가 한산할 때 사용하므로 안전하다" 또는 "통화 시 내 반응이 느려질 것에 대비해 앞차와의 간격을 더 충분히 유지한다")을 가진다. 조우, 위, 왕(2016)의 연구에 의하면 이러한 방어적 신념은 운전 중 통화하는 사람들 사이에 매우 흔하고, 별 고민 없이 운전 중 통화를 할 수 있는 행동에 대한 중요한 예측 인자인 것이 밝혀졌다. 다시 말해 이러한 신념을 가진 사람들은 운전하는 동안 통화를 하고 문자를 보낼 가능성이 더 높았다. (운전 중 통화하는 사람들은 종종 천천히 운전하거나 앞차와의 거리를 더 확보함으로써 실제로 운전 능력 저하를 보상하고자 한다. 그러나 운전자들이 자신의 실제 능력 저하 정도를 과소평가하기 때문에 이렇게 확보한 안전 여유분은 부적절한 보완이다.)

실제로 자신이 교통사고를 겪는 일이 드물기 때문에 운전자들의 위험에 대한 인식이 악화된다. 운전자들은 일반적으로 운전 중 통화로 인한 즉각적인 불이익을 받지 않는다. 그 결과 무사고 운행 횟수가 늘어날수록 운전 중 통화가 '안전하다'라는 착각이 강화된다. 휴대폰 통화로 인해 주의가 산만해지기 때문에 통화 중인 운전자는 상황 인식을 제대로 하지 못한다. 하지만 운전은 예측 가능성이 상당히 높은 행위로, 잘 설정된 도식에 의지해 상황 인식이 부족하더라도 충분히 차량을 운행할 수 있다. 그러나 운전자들은 자신의 운전 능력 저하(그들이 탐지하지 못한 의외의 위험을 포함하여)나 자신의 운전 실수를 다른 운전자가 보완하고 있음을 알아채지 못한다. 이러한 이유로 운전자들은 실제로 사고가 일어났을 때를 제외하고는 자신의 운전 과실에 대한 피드백을 거의 받지 못한다.

3장에서 살펴보겠지만 많은 운전자들이 훌륭한 운전자란 높은 위험 인식 능력보다는 훌륭한 차량 제어 기술을 가진 사람이라고 혼동한다. 따라서 자신의 운전 능력을 관찰한다 하더라도 핸들 조작이나 차선 준수에서 능력 저하를 거의 또는 전혀 발견하지 못하면 자신의 운전 능력이 저하되지 않았다고 생각한다. 물론 운전 중 휴대폰 사용의 합법성에 관한 정부의 일관성 없는 정책 또한 많은 운전자들에게 핸즈프리 모드로 사용하면 '안전하다'는 잘못된 인식을 심어 주었다.

문자 보내기

───

운전 중 주의 산만함의 극치는 문자를 확인하거나 전송하는 것이지만 이러한 행동은 운전자들 사이에 널리 퍼져 있다. 연구에 의하면 약 30%의 운전자가 적어도 가끔씩은 운전 중 문자를 확인하거나 전송한다고 시인했다. 그러나 젊은 운전자의 경우 이 수치는 50~70%에 이르는데 25세 미만 그룹이 교통사고의 위험이 가장 크다는 것을 감안할 때 특히 우려되는 일이다(3장 참조). 더불어 계획 행동 이론으로 운전자들이 이러한 어리석은 행동을 하는 이유를 설명할 수 있다. 즉 사교 활동의 편익을 높게 인식하고, 그로 인한 대가는 낮게 인식하며, 적어도 젊은 층에서는 운전 중 문자 전송이 사회적으로 용인되기 때문이다.

휴대폰 통화와 마찬가지로 운전자들은 신호 대기 중이거나 도로 상황이 '안전하다'고 인식될 때만 문자를 전송함으로써 위험을 완화하려고 한다. 그러나 신호 대기 중 문자 전송 역시 위험한데, 심사숙고로 인해 정신적 부담이 생겨나기 때문이다. 또한 신호가 바뀌기 전에 문자 전송을 마무리하지 못할 가능성도 있다. 그 결과 운전자들은 문자를 어디까지 썼는지, 무슨 내용으로 문자를 보내려고 했는지, 다음 가능한 시점에 문자를 마저 보내야 한다는 사실을 모두 기억해야 한다. 문자가 연장된 정보 교환의 일부일 수 있다는 점을 감안하면 그런 과정이 기억에 추가적 부담을 주어 주의가 산만해질 가능성이 분명히 존재한다.

제프 케어드와 동료 연구진은 최근 연구에서 운전 중 문자 전송과 확인은 거의 모든 측면에서 운전 능력을 심각하게 저하시킨다고 결론지었다. 핸즈프리 음성 입력 체계에 관한 연구도 해결책이 될 수 없는 것으로 나타났다. 문자를 주고받는 것으로 인한 일차적 능력 저하가 명백한 원인이긴 하지만 문자는 또한 주의 산만함과 정신적 부담이라는 관점에서 인지에 영향을 주며 이러한 영향은 '핸즈프리' 모드라 하더라도 개선되지 않는다.

결론

———

인간은 본래 한눈을 팔도록 되어 있다. 인간의 진화 과정에서 과거에는 한 가지 작업에 너무 열중하지 않고 언제 다가올지 모르는 포식자와 적 등을 항상 경계하는 것이 생존에 유리했다. 운전 중 주의가 산만해지는 것은 거의 불가피한 일이며 운전자가 매 순간 운전 상황에 100% 집중하리라고 기대하는 것이 오히려 비현실적일 수 있다. 그러나 운전하는 동안 통화나 문자를 보내느라 스스로 오랫동안 주의를 흩뜨리는 것은 다른 문제이다.

어떻게 주의 산만함이 높은 사고 위험으로 이어지는지는 결론 내리기 어렵다. (그렇지만 딩거스 외 연구진의 자연주의 운전에 관한 연구에서 아이디어를 얻을 수 있다.) 그러나 현재 휴대폰 통화(문자는 제쳐 두고라도)가 운전 능력을 눈에 띄게 저하시킨다는 것을 보여 주는 엄청난 양의 연구 결과가 있다. 이는 휴대폰을 직접 손에 들든 핸즈프리 모드로 하든 마찬가지이다. 산만함의 수준이라는 관점에서 살펴보면 휴대폰으로 통화하는 것과 차량 동승자와 대화하는 것은 동일하지 않다. 게다가 운전 중 통화나 문자를 가장 많이 할 가능성이 있는 집단의 연령층(25세 이하)이 교통사고 위험성에서 1위를 차지했다.

대부분의 경우 운전자들은 별 사고 없이 휴대폰 통화와 운전을 동시에 하고 있는 것으로 보인다. 이러한 상태에 관한 한 가지 설명을 스텐턴 외 연구진(2006)의 '분산된 상황 인식'이라는 개념에서 찾아볼 수 있다. 이번 장의 앞부분에서는 개별 운전자의 관점에서 '상황 인식'을 살펴보았는데, 이러한 상황 인식이 '분산되어 있다'고 생각할 수 있다. 다시 말해 특정 현장에 있는 운전자들 사이에 상황 인식이 공유되는 것이다. 이로 인해 실수가 허용되는 시스템이 만들어진다. 다시 말해 한 운전자의 주의가 산만해져 상황 인식이 낮아지면 상황 인식을 더 잘하고 있는 다른 운전자가 이를 보완하여 부정적 결과가 생기지 않는다. 요약하면 다른 운전자들이 주의가 산만해진 운전자의 부족한 운전을 보완할 수 있는 것이다. 분산된 상황 인식으로도 특정 상황에 대응할 수 없을 때 사고가 일어나는데 예를 들면 누군가 예상치 못하게 인도에서 차도로 뛰어들거나 할 때이다. 여기서 사건 현장에서 가장 가까운 운전자 개인의 상황 인식에 모든 것이 달려 있고 만약 그 운전자가 우연히 휴대폰 통화로 주의가 산만해져 있다면 사고는 일어날 수밖에 없다. 헨콕, 레쉬, 시몬스가 진행한 연구(2003)에 나오는 인상적인 표현대로 여기서 근본적 문제는 운전이 "그리 중요하지 않은 오랜 시간의 작업 사이에 산재해 있는 중요한 반응의 순간들, 또는 오랜 지루함 사이에 산재해 있는 공포의 순간들"이라는 점이다. 운전 환경은 비교적 잘못에 관대한 편인데, 시스템 자체가 예측 가능한 부분이 많고 다른 운전자들이 주의 집중이 흐트러진 운전자의 능력 저하를 보완하기 때문이다. 그 결과 주의가 산만해진 운전자라도 대부분의 시간 동안에는 그럭저럭 대처해 나갈 수 있다. 문제는 응급 대응이 필요한 예상치 못한 일이 일어났을 때 발생한다. 다중 작업을 하고 있던 운전자는 그제서야 자신이 상황에 대처할 준비가 되어 있지 않음을 심각하게 깨닫게 된다.

03

운전, 위험, 젊음

몇 발자국만 내디디면 떨어져 죽을 것이 틀림없는 낭떠러
지 가장자리 가까이에 서는 일은 누구나 꺼려할 것이다. 그
러나 우리 대부분은 1미터도 안 되는 거리를 두고 차량이
마주 오는 고속 도로에서 매우 편안하게 운전한다. 왜 우리
는 다른 활동에 비해 운전의 위험에 대해서는 크게 걱정하
지 않을까? 우리는 운전의 위험에 대해 어떻게 평가하고
있으며, 왜 어떤 사람들은 다른 사람들보다 더 위험하게 운
전할까?

위험 인식 이론

이제까지 사람들이 운전의 위험을 어떻게 평가하는지에 관한 설명은 주로 '위험 보상' 이론이 지배적이었다. 이 이론에서는 운전자들이 선호하는 일정한 위험 수준을 유지하기 위해 자신의 행동을 조정한다고 말한다. 만약 운전이 더 안전해지면 운전자들은 이를 보완하기 위해 더 위험하게 행동하고 그 반대도 성립한다는 것이다. (내 직업을 알게 된 사람들이 운전대 중앙에 25센티미터의 못이 박혀 있다면 다들 안전하게 운전할 것이라고 나에게 종종 말하곤 한다. 하지만 앞으로 알게 되겠지만 아마 못이 박혀 있다고 해도 안전하게 운전하려 하지 않을 것이다.)

제럴드 와일드의 '위험 항상성 이론'에서는 누구나 선호하는 위험의 '목표 수준'을 가지고 있어서 자신의 행동을 조정하여 그 수준을 유지한다고 말한다. ABS 브레이크(잠김 방지 제동 장치) 같은 많은 안전 조치가 위험 항상성 이론의 관점에서 보면 성공할 수 없다는 와일드의 주장이 논란이 되었다. 운전자가 안전하다고 느끼면 더 위험하게 운진하게 되므로 사고 발생 비율은 변함이 없다는 것이다. 와일드는 도로 안전을 향상시키는 최선의 방법은 안전하게 운전하기를 원하는 사람들에게 인센티브를 제공해 위험의 목표 수준을 바꾸게 만드는 것이라고 주장한다.

운전자들이 어느 정도의 위험 보완 (예를 들면 휴대폰을 사용하는 동안에는 앞차와의 간격을 늘리는 것. 2장 참조) 행동을 보이는 것 같기는 하지만 위험 항상성 이론이 옳은 것 같지는 않다. 우리가 알고 있는 위험 감수와 의사 결정의 심리와 어긋나기 때문이다. 모든 개인이 자신이 처한 위험을 정확히 평가할 수 있다는 것이 이 이론의 바탕에 깔려 있는 근본 가정이지만 실제로는 사람들이 위험을 판단하는 데 그리 능하지 않다는 증거가 많다.

첫째, 운전자들은 자기 행동의 위험성에 대한 피드백을 받을 수 있는 가능성이 낮다. 매우 위험한 행동(앞이 안 보이는 곡선 도로에서 추월하는 것처럼)을 오랫동안 아무 문제없이 해 왔고, 따라서 운전자들이 실제로 그것이 얼마나 위험한지 정확히 인식하지 못한 채 행하고 있을 수도 있다. 둘째, 각자의 위험 수준은 스스로 완벽히 통제할 수 있는 것이 아니다. 자신도 사고를 당해 무고한 희생자가 될 수 있기 때문이다. 셋째, 운전자가 자신이 노출된 위험을 정확히 추정하려면 사고를 간신히 피한 경우나 사고와 관련해 자신에게 일어난 일을 제대로 기억할 필요가 있다. 그러나 실제로는 운전자가 갖고 있는 자신의 사고 기록과 관련한 기억들(그것을 가지고 자신이 얼마나 위험에 노출되어 있는지를 추정하는 능력)은 오류 가능성이 매우 높다(5장 참조).

위험 항상성 이론에 반하는 가장 설득력 있는 증거는 의사 결정에 대한 심리 연구에서 얻을 수 있다. 이 증거에 의하면 사람들은 사건의 발생 가능성에 대한 합리적 추정에 매우 능하지 못하다. 트버스키와 카네만(1973)의 매우 영향력 있는 연구에 따르면 인간은 종종 자신의 행동 근거로 다양한 '휴리스틱heuristics(발견적 방법)'을 사용하는데, 이러한 임시방편의 '경험에 근거한 법칙'은 문제에 대해 간편하고 빠른 답을 제공하지만 정확한 답을 제공하지는 못한다.

이 중 하나가 '가용성' 휴리스틱이다. 추론을 할 때에는 관련 정보가 얼마나 쉽게 떠오르는지에 영향을 받는다. 이로 인해 사고를 당할 가능성을 평가하는 문제에 있어 사람들은 잘못된 판단을 한다. 많은 사람들이 비행기, 열차, 자동차 여행의 상대적 안전에 대해 심각하게 왜곡된 견해를 갖고 있다. 비행기 사고는 매우 드물기 때문에 일단 일어나면 언론의 집중 조명을 받는다. 이로 인해 비행기 사고의 가능성이 사람들에게 더 와닿고 비행기 사고의 위험을 심각하게 과대평가한다.

위험 항상성 이론의 마지막 문제는 운전자들이 자신의 능력에 대해 부풀려진 견해를 갖는 경향이 있다는 점이다. 여러 연구에 의하면 대부분의 운전자들은 자신이 운전자 평균보다 더 숙련되고 안전하게 운전한다고 여기는 것으로 나타났다. 왜 많은 운전자들이 자신이 평균보다 낫다고 생각할까? 한 가지 이유를 들자면 사람들은 자신의 행동을 다른 사람들의 행동보다 호의적인 시각으로 보는 경향이 있다. 그 결과 자신의 실수를 다른 사람의 실수보다 덜 중대하거나 더 정당하다고 본다. '귀인 이론attribution theory'에 따르면 사람들은 자신의 행동은 상황 때문이라고 설명하는 반면, 다른 사람의 행동은 그들의 주된 성격 특성 때문이라고 생각하는 경향이 있다. 따라서 한 운전자가 자신의 실수는 상황 탓으로 돌리지만 (예를 들면 "햇빛 때문에 눈이 부셔서 정지 신호를 놓쳤다") 다른 운전자에 대해서는 "형편없는 운전자"의 자질을 가지고 있기 때문에 실수한다("그 사람은 무모하거나 조심성이 없어서 빨간불인데도 지나쳤다")고 생각할 수 있다.

운전자들이 자신의 능력에 관해 왜곡된 견해를 갖는 한 가지 이유는 면허 시험에 합격한 이후 자신의 운전 실력에 대해 따로 평가를 받은 적이 거의 없기 때문이다. 던컨, 윌리엄스, 브라운(1991)은 운전 경험 그 자체가 전문적 운전 능력의 발전으로 이어지지는 않는다는 것을 발견했다. 전체 살피기, 예측, 안전 확보의 측면에서는 숙련된 운전자(예를 들면 단순히 오랜 기간 동안 운전한 운전자)가 초보 운전자보다 실제로 더 부족한 것으로 나타났다. 아마도를 외 연구진(2014)의 연구에서도 비슷한 결론을 얻었다. 연구진은 참가자들을 실제 도로에서 80분간 주행하게 한 후 운전자 자신의 운전에 대한 평가와 이를 관찰한 전문가의 평가를 비교했다. 95%의 운전자들이 자신의 운전 능력의 모든 측면을 전문가의 의견에 비해 과대평가했다. 이러한 현상은 전문가가 '안전하지 못하다'라고 평가한 운전자들의 경우에 특히 심했다. 전문가의 평가와 운전자의 자체 평가의 차이는 운전자의 운전 경력과 비례해 증가했는데 이는 운전 경험이 자기 통찰력을 발전시키는 것은 아니라는 것을 뜻한다.

운전자 자신의 운전 실력에 대한 왜곡된 견해는 자신이 얼마나 위험에 처해 있는지도 과소평가하게 만들 수 있다. 이는 운전자의 교통사고 통계에 대한 인식에도 영향을 주어 교통사고란 다른 사람(예를 들면 운전 실력이 모자라는 운전자들)에게나 일어나는 것이라 여기는 신념을 강화할 수도 있다. 자신이 (아직까지) 무사고라는 사실이 운이 아닌, 자신의 운전 실력 덕분이라고 생각하게 된다.

마지막으로, 운전대 중앙에 커다란 못을 박아 운전자들의 안전을 확보하자는 아이디어로 돌아가 보자. 연구에 의하면 위험하게 행동하는 사람들은 높아진 위험을 다른 방식으로 보완하지 않는 것으로 나타났다. 예를 들면 안전벨트를 매지 않는 운전자는 젊고, 남성이며, 좀 더 위험하게 운전하는 경향이 있었다. 다시 말해 사고를 가장 많이 낼 가능성이 높은 바로 그 집단에 속해 있었다. 이 그룹은 교통사고와 교통 법규 위반 비율이 더 높았고, 약물과 알코올을 더 많이 소비했으며, 운전 중 휴대폰을 사용할 확률이 더 높았다(사고의 위험을 높이는 행동. 4장 참조).

이러한 모든 연구 결과에 따르면 사고를 많이 낼 가능성이 가장 높은 운전자들이 정작 자신들의 높은 위험성을 보완하기 위한 노력을 가장 적게 하는 것으로 나타났다. 위험 항상성 이론에서 이러한 결과를 설명할 수 있는 두 가지 방법이 있다. 하나는 위험한 운전자들이 다른 운전자들보다 훨씬 더 높은 수준의 위험을 받아들일 준비가 되어 있기 때문이라는 설명인데, 이는 설득력이 있어 보이지 않는다. 아니면 위험한 운전자들이 자기 행동의 위험성을 잘못 인식하고 있다고 말할 수 있을 것이다. 그들은 다른 사람과 비슷한 위험 수준을 유지하려고 노력하지만 실제로 자신이 노출되어 있는 객관적 위험을 심각하게 과소평가한다. 레쉬와 헨콕(2004)의 연구에 따르면 적어도 여성 운전자들의 경우에는 운전 중 휴대폰 사용 능력에 대한 자신감 여부가 실제 운전에 영향을 미치지는 않았다. 결론적으로 운전자들은 자신의 유능함을 과대평가하기 때문에 자신이 하는 행동의 위험성을 과소평가하고 있을 수도 있다.

브라운과 코튼(2003)의 연구에서 과속하는 운전자들은 과속과 관련된 진정한 위험을 과소평가하게 만드는 '위험-축소' 신념을 갖고 있을 수 있다는 증거를 내놓았다. 예를 들면 과속하지 않는 운전자들에 비해서 이들은 "난 과속해도 안전하게 운전할 수 있다"와 "지나치게 과속할 때만 위험하다"와 같은 말에 동의하는 확률이 더 높았다. 교통사고 통계와 상반된다는 점에서 이러한 신념은 잘못된 것이다. 브라운과 코튼은 과속 운전자들이 자기기만 상태일 수 있으며, 이는 흡연자들이 규칙적으로 운동을 하기 때문에 자신이 폐 질환의 위험을 낮추고 있다고 믿는 것과 비슷하다고 말한다. 현재의 논의에서 중요한 점은 이 또한 위험을 판단하는 데 있어 사람들이 합리적이지 않다는 사실을 여실히 보여 준다는 것이다.

종합해 볼 때, 위험 인식의 심리에 관해 우리가 알 수 있는 것은 위험 항상성 이론이 제대로 작동할 만큼 인간이 정확하게 위험 수준을 평가하지 못할 가능성이 높다는 사실이다. 사람들은 자신이 하는 활동의 위험성을 평가하는 데 능하지 않으며 위험 평가는 불합리한 여러 외부 요소에 의해 편향되기 쉽다.

운전자의 행동에 대한 다른 설명에서는 운전자들에게 '위험 인식'이 전혀 없다고 말한다. 운전자들이 자신이 위험한 행동을 하고 있다고 전혀 느끼지 않기 때문이다. 운전은 대부분의 사람들이 하는 행동 중 가장 위험한 행동이지만 절대적 관점에서 보면 매우 안전하기도 하다. 2016년 영국 사망자 56만 1776명 중에서 교통사고 사망자는 1792명에 지나지 않는다. 같은 해 영국 내에서 운행 허가를 받은 자동차는 3700만 대였다.

하이키 수말라는 운전의 '제로 위험' 이론을 통해 운전자들은 위험에 관해 거의 생각하지 않는다고 말했다. 대신 운전자들은 주로 안전 여유분을 유지함으로써 위험을 통제한다. 예를 들면 운전자들은 자신의 차량 주위에 다른 교통수단이 없는 공간을 유지하고 자신과 다른 운전자의 차량이 충돌을 피할 수 있을 정도의 충분한 시간 간격을 둔다. 이러한 행동은 대체로 습관적이고 자동적이다.

수말라는 운전자들이 운전의 실제 위험을 과소평가할 때 사고가 일어난다고 말한다. 첫째, 운전자들은 교통 시스템의 가변성을 고려하지 못한다. 따라서 앞차 운전자가 갑자기 급브레이크를 밟을 수밖에 없다거나 깜박이를 켜지 않고 차선을 변경할 수도 있다는 사실을 깨닫지 못할 수 있다. 둘째, 운전자들이 너무 과속하므로 종종 그들의 안전 여유분이 적정하지 않을 수 있다. 운전자들은 목적지에 더 빨리 도착하는 수단으로 속도의 유용성을 과대평가하며, 감속을 꺼리고, 다른 사람에게 과시하기 위해 과속한다.

궁극적으로 수말라의 이론과 와일드의 이론에는 같은 문제가 있다. 다시 말해 이들의 이론은 운전자들이 왜 위험을 선택하는지에 관한 개념 정리로서는 도움이 되지만 누가, 언제, 정확히 무슨 이유로 위험을 선택하는지를 말해 주지 않는다. 이를 위해서는 고위험군 운전자에 대해 살펴보고 저위험군 운전자와 이들의 차이를 알아볼 필요가 있다.

위험의 여러 유형

위험 인식 이론의 한 가지 한계는 겉보기에 '위험한' 행동이 운전자가 꼭 계산하지 않은 이유로도 발생할 수 있다는 사실을 인정하지 못한 것이다. 제임스 리즌을 비롯한 동료 연구진은 '운전자 행동 설문지'에 대한 응답 내용을 바탕으로 운전자의 비정상적인 행동을 다음과 같은 세 가지 유형으로 나누었다. '과실'(양보 운전 표지를 못 보거나 좌측 깜박이를 켜고 우회전하는 것과 같은 주어진 상황에 부적절한 행동), '실수'와 '착오'(방향 지시등 끄는 것을 잊어버리는 것 같은, 의도하지 않은 행위의 생략), 그리고 '위반'(빨간불에 지나가는 것 같이 교통

법규 혹은 안전 관행을 공공연히 위반하는 것)이다.

종합해 볼 때, 리즌을 포함한 연구진의 첫 연구와 후속 연구에서 여성 운전자는 남성 운전자보다 더 많은 과실을 범하지만 남성은 위반을 더 많이 하는 것으로 나타났다. 이 세 가지 비정상적 행동은 나이에 따라 다른 패턴을 보여 주었다. 나이가 많아짐에 따라 위반과 착오는 줄어들었지만, 과실은 나이에 따른 변화가 없었다. 위반의 경우에는 사회적, 동기적 요인이 중요해 보이는 반면 과실은 정보 처리 실패의 문제라고 주장한다. 가장 위반을 많이 한 참가자들은 자신의 운전 기술이 뛰어나다고 평가했다. 이들은 훌륭한 운전자란 원칙에서 융통성을 발휘하는 사람이라는 믿음을 가진 것처럼 보였다. 그러나 실제 연구에 의하면 사고는 과실을 범하는 경향보다 위반을 하는 성향과 더 연관되어 있었다. 젊은 남성 운전자—사고의 위험이 가장 높은 운전자 집단—가 가장 교통 규칙을 많이 위반했다.

"젊은 운전자"의 문제

교통사고 통계는 사고 위험이 운전자의 나이와 성별에 따라 편차가 심하다는 사실을 명확히 보여 준다. 25세 미만의 젊은 운전자, 특히 남성은 사고 위험이 가장 컸다. 영국에서 이 나이대에 속하는 운전자의 4분의 1이 면허 시험에 합격한 2년 이내에 사고를 냈다. 전 세계적으로 교통사고는 젊은 성인의 사망 원인 중 가장 큰 단일 원인이다(세계보건 기구, 2015).

나이가 들수록 사고 확률은 감소하여 중년 운전자(40~50세)들이 가장 낮은 사고율을 보였다. 사고 확률은 노년(75세 이상)에 재상승하지만 그래도 젊은 운전자 수준만큼은 아니다. 여성 운전자도 남성과 비슷한 패턴을 보이지만 모든 연령층에서 남성보다 사고 확률이 낮다(약 절반 수준).

왜 젊은, 특히 남성 운전자가 나이 많은 운전자보다 사고 위험이 이렇게 높을까? 젊은 운전자들이 시력도 최고 수준이고, 반응 속도도 가장 빠르고, 차량 제어 기술도 가장 높다는 점을 고려하면 이러한 결과는 역설적이다. 이 모든 것들은 많은 운전자(특히 젊은 운전자!)가 운전을 잘하기 위해 중요하다고 스스로 밝힌 특징이다.

제한된 운전 경험

가장 분명한 이유는 젊은 운전자들이 제한된 운전 경험만을 가지고 있기 때문이다. 한 가지 문제점은 젊은 운전자들의 차량 제어 기술이 위험 인식 능력보다 더 빠르게 발달하는 것이다. 그 결과 초보 운전자는 과속으로 인한 위험을 잘 깨닫지 못하고 과속이 위험하다는 사실을 인정하지 못한다. 연구에 따르면 운전자들, 특히 젊은 운전자들은 차량 제어 기술을 안전과 동일한 것으로 잘못 인식한다. 실제로, 안전 운전은 차량 제어 기술이 아니라 뛰어난 위험 인식과 상관관계를 가지고 있다. 실제로 한 연구에 의하면 카 레이서들이 일반 운전자들 집단에 비해 공용 도로에서 더 많은 사고를 낸 것으로 나타났다.

위험한 운전의 심리적 이익

이러한 현상을 경험 부족만으로 모두 설명할 수는 없는데,

이것이 문제라면 젊은 남성과 여성이 비슷한 사고율을 기록했을 것이기 때문이다. 그리고 모든 젊은 운전자가 사고를 내는 것은 아니며 일부 운전자만 다른 사람들보다 더 위험한 것이다. 무엇인가 다른 요소가 작용하고 있음에 틀림없다. 한 가지는 젊은 남성 운전자들이 또래 집단 사이에서 자신의 위상을 높이는 도구로 운전을 사용하는 방식이다. 연구자들은 젊은 운전자들이 위험한 행동으로 얻는 '혜택'이 있음을 이해하게 되었고, 위험한 운전이 단순히 역기능적 행동이 아님을 알게 되었다.

호주의 심리학자 브라이디 스콧-파커, 마크 킹, 베리 왓슨의 연구에 따르면 젊은 운전자들은 종종 특정 목적지에 가기 위해서가 아니라 '심리 사회적' 이유로 운전한다. 젊은 남성 운전자들은 또래 집단에서 위상을 높이고, 자신이 강하다고 느끼고, 긴장을 풀기 위해 운전한다고 응답하는 경우가 더 많았다. 반면 젊은 여성들은 자유와 자립의 느낌을 얻기 위해 운전한다고 응답하는 경우가 더 많았다. 사회적 위상과 친구들과 시간을 보내기 위해 운전한다고 응답한 운전자들은 위험한 운전(과속과 꼬리 물기 주행)을 할 가능성이 더 높았다. 십 대 운전자(영국에서는 만 17세부터 운전면허를 취득할 수 있다―옮긴이 주)들은 또래 친구들을 동승자로 태우고 운전할 때 사고를 낼 가능성이 더 높았다. 이 위험 요인은 몇몇 나라에서 도입된 '단계적 운전면허' 제도에 반영되어 있으며, 이 제도는 특히 야간에 십 대 운전자의 동승자 탑승을 금지하고 있다.

집안 내력

타웁만-벤-아리를 포함한 연구진은 젊은 운전자들의 행동에 친구와 가족들이 어떤 영향을 미치는지에 관해 오래전부터 관심을 가졌다. 이들의 연구 결과는 부모가 자녀들의 위험 운전에 여러모로 영향을 미친다는 기존 다른 연구 결과와 일치했다. 부모와 자녀 관계의 질이 중요하다. 다시 말해 가족과 감정적으로 분리되어 있다고 응답하거나 독립과 자율성을 갖지 못했다고 응답한 젊은 운전자는 더 위험하게 운전하고 다른 젊은 운전자들보다 사고를 더 많이 내는 경향이 있었다. 좀 더 안전하게 운전하는 젊은 운전자들은 부모가 자신의 운전 행동을 관찰할 뿐만 아니라 자신이 운전을 해도 좋은 상황과 운전 중 휴대폰이나 안전벨트 사용 같은 위험한 행동에 관해 분명한 규칙을 정해 놓고 있다고 응답했다. 부모의 기준은 자녀에게 직접 전달될 뿐 아니라 부모가 어떻게 운전하는지에 의해서도 간접적으로 학습된다. 다시 말해 운전과 관련해 부모는 자녀에게 중요한 롤 모델로 작용한다.

타웁만-벤-아리는 오래전부터 운전 행동의 '전체론적' 모델을 옹호해 왔으며, 무모한 운전 행태는 젊은 운전자 개인의 성격과 친구나 가족 같은 다양한 환경적 영향에 대한 개인의 인식과 해석이 고스란히 드러난 결과라고 예상했다. 젊은 남성 운전자는 위험한 운전을 모험으로 여기고, 자신의 대처 능력을 과대평가하며, 예상되는 결과를 무시하고(무지의 소치이거나 자신이 강하다는 잘못된 의식을 통해), 건강하지 못한 롤 모델의 잘못된 영향을 받았을 수 있다.

결론

직관적으로는 수긍할 수 있더라도, 운전자의 위험성이 '위험 보상' 과정에 의해 결정된다는 증거는 희박하다. 추론

과정에 나타난 심리에 관한 모든 지식으로 미루어 볼 때 운전 중 마주하는 위험에 대한 추정은 비이성적 요인의 영향을 크게 받는다. 예를 들면 운전자가 자신의 경험치로부터 추출할 수 있다거나 자신이 위험을 제어할 수 있다고 느끼는 정도이다. 자신의 행동에 대한 운전자의 평가는 일련의 잘못된 신념으로 인해 왜곡될 가능성이 있다. 그 신념은 자기 본위 편향("나는 다른 운전자들보다 낫다"), 낙관주의 편향("사고는 다른 사람들 얘기고 나에게는 일어나지 않는다"), 방어적 신념("밤인데다 주변에 차도 없으니 과속할 수 있다")에서 생겨난다.

가장 큰 문제는 운전자 대부분이 운전을 특별히 위험하다고 여기지 않는 상황일 것이다. 교통사고는 너무나 흔해서 어지간히 극적이거나 비극적이지 않으면 언론에 보도되지도 않는다. 그 결과 운전의 위험성이 사람들의 머릿속에서 중요하게 여겨지지 않을 수 있다. 또한 교통사고는 3700만 운전면허 소지자들 사이에 두루 일어나므로 특정 운전자가 특정 도로를 운전하는 중에 심각한 사고에 연루될 가능성이 낮다. 이것이 교통안전 캠페인이 직면하는 문제이다. 과속이나 운전 중 문자 전송이 위험하니 삼가라고 말하는 것 자체가 운전자들의 일상 경험과 맞지 않는 것이다. 매번 운전이 아무런 사고 없이 마무리될 때마다 자신은 '안전'하고 사고는 남의 이야기일 뿐이라는, 위험한 운전자들의 망상이 강화된다. 자기 본위 편향과 자기 능력에 대한 과대평가가 합쳐져, 교통안전 캠페인이 운전자의 행동을 변화시키는 데 효력이 없는 것은 놀라운 일이 아니다.

한 가지 분명하게 밝혀진 연구 결과는 젊은 남성 운전자의 사고 위험이 가장 높다는 것이다. 이들의 위험한 행동은 모험을 즐기는 성향, 위험 인식 부족, 자신의 능력에 대한 과대평가, 또래 집단에게 깊은 인상을 심어 주고자 하는 열망을 포함한 많은 요소의 상호 작용에서 생겨난다. 과속의 예를 들어 보자. 계획 행동 이론에서는 그 사람의 의도를 보면 행동을 가장 잘 예측할 수 있다고 말한다. 의도는 행동에 대한 개인의 태도, 주관적 규범, 그리고 자신의 행동을 자신이 통제할 수 있다고 인식하는 정도, 이 세 가지 요소에 달려 있다. 젊은 운전자는 과속에 대해 긍정적인 태도를 가지고 있을 수 있다. 과속은 짜릿하고, 일어날 수 있는 부정적 결과에 대해서는 인식하지 못하고(경험 부족으로 인해), 동승자에게 깊은 인상을 주어 자신의 위상이 높아진다고 생각할 수 있다. 그들의 주관적 규범에서 과속은 사회적으로 용인되는 것이다. 누구나 과속하고, 종종 언론에서는 과속을 운전의 덕목인 것처럼 칭송하고, 친구들이나 가족이 과속을 비난하지도 않는다고 생각한다. 마지막으로 젊은 운전자들은 속도를 자신들이 통제해야 하는 대상으로 인식하지 않는다. 만약 그들이 지루하게 '안전한' 방식으로 운전할 경우 친구들이 자신을 조롱할 수도 있다고 생각하면 과속의 유혹을 이겨 내기 어려울 수도 있을 것이다.

초보 운전자들은 사고를 일으킬 가능성이 높거나 사고로 인해 생명이 위험해질 정도의 수많은 위험한 행동(약물이나 알코올, 또는 안전벨트를 매지 않고 상황에 비해 심하게 과속)을 할 가능성이 높다. 이들의 위험성을 줄이기 위해 효과적으로 개입하려면 이러한 모든 요소가 어떻게 상호 작용하는지를 잘 알아야 한다. 또한 이러한 개입이 성공하려면 운전이 젊은 운전자들의 자존감, 독립 의식, 친구들 사이에서의 위상에 어떻게 영향을 미치는가의 관점에서 위험 운전의 심리적 가치를 고려해야 할 것이다.

04

나이가 운전에 미치는 영향

고령 운전은 얼마나 위험할까?

———

구글에서 "고령 운전자"로 검색해 보면 나이 많은 운전자로 인해 빚어진 여러 위험한 상황에 대한 수많은 불평 사례를 찾을 수 있다. 사람들은 고령 운전자가 위험할 정도로 시력이 나쁘고, 반응에 과도하게 긴 시간이 걸린다고 불평하며, 인지 능력 저하와 운전 능력의 전반적 저하로 인해 많은 사고를 일으킨다는 혐의를 뒤집어씌운다. 이러한 비난은 고속 도로를 역주행하는 것 같은 위험천만한 일을 한 노령 운전자의 사례가 이따금 언론에서 크게 주목을 받으면서 강화된다. 이에 대해 제시된 '해결책'은 모든 65세 이상(또는 '늙었다'고 간주되는 나이) 운전자를 대상으로 시력 검사를 의무화하고 심지어 건강 검진까지 실시하는 것이다.

일부 고령 운전자가 운전에 어려움을 겪는 것은 틀림없는 사실이지만 많은 사람들은 그렇지 않다. 앞으로 살펴보겠지만 이런 부정적 고정 관념은 고령 운전자 집단에 대한 과학적 증거와 심하게 상충된다. 그러나 고령 운전자의 안전을 진단해 볼 필요가 있는데 선진국 대부분이 다가올 몇십 년 동안 고령 운전자 인구가 눈에 띄게 증가할 것이라고 예상되기 때문이다. 영국의 경우, 1975년에는 70세 이상 인구 중 남성의 30%, 여성 5%만이 운전면허를 소지하고 있었다. 그러나 2014년에 이르면 이 수치는 남성 80%, 여성 50%로 올라간다. 2016년에는 70세 이상 인구의 450만 명이 면허를 소지하고 있다(100세 이상 운전자 236명을 포함하여!). 이 수치는 20년 이내에 두 배가 될 전망이다. 고령 운전자에게 문제가 있는 것이라면 그 수가 늘어났을 때 문제는 더 악화될 것이다.

이와는 반대로, 노령 인구가 개인적 이동 수단을 가능한 한 오래 유지하는 것도 못지않게 중요하다. 이전 세대와는 다르게 오늘날의 고령 세대는 자동차와 함께 성장했고 자동차에 많이 의존하여 생활한다. 연구에 의하면 자동차를 포기한 후 노인들이 겪게 되는 사회적 고립이 우울증으로 이어지고 건강 악화를 재촉하는 것으로 나타났다.

나이가 운전의 위험성에 미치는 영향의 통계 분석
———

교통사고 통계를 살펴보는 것으로 논의를 시작해 보자. 대부분의 나라에서 비슷하게 U자 모양이 나타나는데 중년 운전자 집단보다 매우 젊은 운전자와 매우 고령인 운전자 집단에서 교통사고가 더 자주 발생한다. 2014년 '고령 운전자 임시 대책 위원회'라고 불리는 다학제multidisciplinary 그룹은 영국 고령 운전자의 위험성에 대한 증거(영국 도로 안전 재단)를 요약한 보고서를 발표했다. 그림 4.5는 각기 다른 연령대의 집단별 사고 비율을 상해의 중증도를 감안(가벼운 부상부터 치명적 사고까지)하여 보여 주고 있다.

다른 여러 연구와 비슷하게 사고율은 젊은 운전자 집단

에서 현격한 차이를 보이며 가장 높고 나이가 많아질수록 가파르게 감소한다. 30세에서 65세 사이의 운전자가 가장 안전한 것으로 나타났다. 그 이후에는 상해 비율이 어느 정도 다시 상승한다. 그러나 노년의 사고율 증가 범위를 어떤 기준으로 측정했는지 주목해야 한다. 75세 이상 운전자의 경우 가벼운 부상을 동반한 사고는 약간만 증가했지만 사망 사고는 가파르게 증가한다. 이 이유는 사고를 당할 경우 노인들이 젊은 사람들에 비해 생존할 가능성이 훨씬 낮기 때문이다. 또한 노인들은 주로 연식이 오래된 소형차를 운전하는 경향이 있는데 이러한 차는 사고 시 충격에 훨씬 더 취약하다. 따라서 사망률에 있어 나이 변화 추이만을 살펴본다면 노령 운전자의 위험성에 대한 왜곡된 인상이 생겨난다. 단순히 노령 운전자들의 운전 방식 때문에 사망률이 높아진다는 성급한 결론을 내리기보다는 노령 운전자들이 부상에 더 취약한 결과 사망률이 급증한 것일 수 있다는 점을 고려할 필요가 있다.

노령 운전자들은 젊은 운전자들보다 사고 통계에 포함될 가능성이 더 높은데 이들이 일단 사고를 당하면 사망하거나 중상을 입을 확률이 더 높기 때문이다.

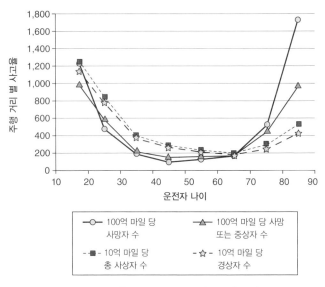

그림 4.5 운전자 나이와 다양한 정도의 부상을 동반한 사고율의 관계

노령 운전자들의 운전 능력을 해석하는 데 있어 또 다른 복잡한 사안은 바로 위험에 대한 노출의 문제이다. 연구에 의하면 노령 운전자들은 자신의 능력이 쇠퇴하고 있다는 것을 알고 있으며 이를 보완하려고 노력한다. 그래서 운전 횟수를 줄이고 장거리 운전을 삼가고 익숙한 도로를 고수한다. 또한 까다로운 교차로, 출퇴근 러시아워, 궂은 날씨, 야간 운전 등 어려운 운전 조건에서 운전을 피한다. 그리고

더 천천히 운전하고 항상 앞차와의 안전거리를 더 많이 확보한다.

어떻게 이러한 현상이 노령 운전자의 사고율에 영향을 주는지는 흥미로운 문제이다. 노령 운전자들은 위험한 운전 상황에 덜 노출되므로 젊은 운전자들보다 당연히 사고를 더 적게 내야 한다. 만약 이러한 상황에서도 노령 운전자들이 사고를 더 많이 낸다면 그들이 교통사고 통계에서 나타나는 것보다 훨씬 더 위험할 수도 있을 것이다. 그러나 노령 운전자의 행동 적응의 결과를 바라보는 또 다른 방법이 있다. 핀란드 출신의 심리학자 리사 하카미스-블롬퀴스트는 나이와 상관없이 운행 횟수가 적은 운전자는 장거리를 운행하는 운전자보다 덜 안전한 경향을 보인다는 점을 지적했다. 장거리 운전자는 고속 도로처럼 속도를 내는 도로에서 오랜 시간을 보내는데 이 도로는 통계상 가장 안전한 도로이다. 단거리 운전자들은 대부분 속도가 느린 도로에서 주행한다. 이러한 도로에는 운전자들이 다른 차량과 부딪힐 수 있는 교차로가 훨씬 더 많다. 따라서 주행 거리당 사고율을 보면 단거리 운전자가 사고를 더 많이 내는 것처럼 보이겠지만 이러한 사고율은 운전자의 나이와는 거의 관련이 없다.

지금까지는 전반적인 교통사고율에 대해 살펴보았다. 노령 운전자의 행동을 더 자세히 살펴본다면 계속하여 더 긍정적인 그림을 보게 될 것이다. 수십 건의 연구 결과에 따르면 70세 이상 운전자들이 젊은 운전자들에 비해 알코올, 과속, 추월, 근접 주행, 또는 차량 통제 불능으로 인한 교통사고를 덜 일으킨다. 또한 젊은 운전자들보다 교통 규칙을 위반할 가능성도 훨씬 낮다. 운전자의 자가 행태 보고 테스트에 의하면 노령 운전자들은 젊은 운전자들보다 훨씬 더 나은 운전 태도를 보이는 경향이 있다.

그러나 많은 연구 결과 노령 운전자가 한 가지 특정 분야에서는 문제가 있는 것으로 나타났다. 이러한 문제는 양보를 하거나 정지해야만 하는 결정을 내려야 하는 교차로에서, 특히 두 차선의 차량들을 동시에 대응해야 할 때(영국에서는 우회전, 또는 차량이 우측 통행하는 나라에서는 좌회전) 발생한다. 롬바디, 호레이, 코트니(2017)는 2011년에서 2014년까지 미국 내에서 사상자를 낸 4만 8733건의 교차로 충돌 사고 자료를 분석했는데, 85세 이상 운전자의 사망률이 젊은 운전자의 거의 두 배였다. 또한 교차로 충돌 사고에서는 노령 운전자가 잘못을 범한 경우가 더 많은 것으로 나타났다. 롬바디 외 연구진의 연구에 따르면 65세 이상 운전자의 56%가 충돌의 책임이 있었던 반면 65세 미만 운전자의 경우에는 38%만이 충돌의 책임이 있었다.

노령 운전자는 마주 오는 양쪽 차량의 행렬에서 알맞은 공간을 찾아 필요한 회전 조작을 해야 할 때 특히 어려움을 겪는 것으로 보인다. 흥미롭게도 매우 나이가 많은 여성 운전자들은 같은 나이대의 남성 운전자들보다 특히 교차로에서 사고를 더 많이 내는 것으로 나타났다. 교차로가 왜 특히 문제인지를 찾기 위해서는 노화의 영향을 더 상세히 조사할 필요가 있다.

노령 운전자의 시각 및 인지 능력 연구

시력

종종 노령 운전자들이 운전 자체가 위험할 정도로 시력이 나쁘다는 주장이 있지만 이 주장을 뒷받침하는 증거는 거의 없다. '정지 시력'은 정지해 있는 패턴 속에서 자세한 형체를 탐지하는 능력을 기준으로 측정된 시야의 선명도를 말한다. 이 선명도는 보통 19세기 허만 스넬렌이 고안한 시력표로 측정된다. 스넬렌 점수에는 두 가지 숫자가 포함되는데 첫째는 개인 점수이고 두 번째는 '정상' 점수이다. 만약 점수가 6/6이라면 정상적인 사람이 6미터 거리에서 읽을 수 있는 것을 6미터 거리에서 읽을 수 있다. 즉 정상 시력("20/20", 미터법 이전 측정 단위)을 가졌다는 뜻이다. 스넬렌 점수가 6/12라면 정상적인 사람이 12미터 거리에서 읽을 수 있는 것을 6미터 거리에서 읽을 수 있다는 의미이다. 다수의 젊은 사람들은 '정상' 시력보다 시력이 좋은 편이고, 20세의 평균은 6/4.2이다(따라서 정상적인 사람이 4미터 거리에서 읽을 수 있는 것을 이들은 6미터 전부터 읽을 수 있다). 영국에서 운전자는 20미터 거리(약 6/12에 해당)에서 숫자판을 읽을 수 있어야 한다.

과거에 정지 시력과 나이의 상관관계를 조사하는 대규모 연구가 진행되었다. 데이빗슨과 어빙(1980)은 운전자 1400명을 대상으로 스넬렌 시력을 측정했다. 20세 운전자들의 중간 시력은 평균보다 높은 6/4.2였다. 시력은 성인

기를 지나면서 나빠지다가 40대 이후로는 급격하게 저하되었다. 70세가 되면 6/7.3이 되었는데 이는 젊은 운전자의 약 2분의 1 수준이지만 여전히 도로 교통법의 기준을 거뜬히 상회한다. 심지어 노령 운전자를 포함해도 전체 운전자의 5% 미만만 6/12보다 시력이 낮았다. 70세 이상의 캐나다 운전자 3만 명을 대상으로 한 연구에서 정지 시력이 나쁜 운전자는 시력이 더 좋은 노령 운전자와 비슷한 사고 위험이 있는 것으로 나타났다.

운전과 더 관련이 있는 것은 시력의 다른 측정 기준이라는 주장이 제기되었다. 이 측정 기준은 동체 시력(움직이는 패턴에 대한 민감도)과 대조 민감도(패턴 인식에 필요한 명암의 양)이다. 다시 한번 말하지만, 이러한 측정 기준은 나이와 관련하여 낮아지지만 사고율과는 거의 관련이 없다.

주의

노령 운전자들은 여러 다른 시각 분야에 주의를 골고루 할당하는 데 어려움을 겪는 것으로 보인다. 비록 개인차가 크기는 하지만 이러한 능력이 나이가 들어감에 따라 쇠퇴한다는 증거가 있다. 주의 분산에 대한 검사 중 널리 통용되는 검사는 카렌 볼과 신시아 오즐리(1992)가 고안한 '유효 시야' 검사UFOV이다. 이 검사는 안전 운전을 위해서는 운전자가 넓은 영역에 걸쳐 주의를 기울일 필요가 있다는 가정하에, 제시된 자극에 대해 얼마나 잘 주의를 기울일 수 있는지 중심 시야와 주변 시야를 동시에 확인한다. 이 검사에서는 컴퓨터 스크린에서 중심 시야에 들어오는 목표물(트럭이나 자동차의 형체)을 바라보는 동시에 주변 시야에 제시된 자극(자동차 형체)의 위치를 찾아내야 하는데, 이 자극은 화면 안의 여러 다른 위치 중 어느 곳에나 나타날 수 있다.

볼과 오즐리는 3년 동안의 '유책' 사고 비율을 살펴본 결과 정지 시력, 대조 민감도, 정신 상태 같은 척도보다 유효 시야 검사 결과와 교통사고의 상관관계가 더 크다는 사실을 발견했다. 그러나 유효 시야 검사가 이 샘플 중 '안전하지 않은' 운전자를 찾아내는 데 가장 좋은 방법이긴 하지만 안전한 운전자를 완벽히 가려내는 데는 아직도 상대적으로 부족하다.

좀 더 최근에 이르러 노령 운전자들의 교차로 교통사고의 증가가 주변시의 움직임 감지 민감도가 저하된 탓일 수 있다는 주장이 제기되었다. 스티븐 헨더슨과 동료 연구진에 의해 고안된 '주변시 움직임 대비 임계치peripheral motion contrast threshold, PMCT' 검사는 주변 시야에서 움직이는 패턴을 감지하기 위해 어느 정도의 대비가 필요한지를 측정한다. 젊은 운전자에 비해 노령 운전자(65세 이상)는 패턴을 보기 위해 더 선명한 대비가 필요했고, 그들의 주변시 움직임 대비 임계치 검사 결과는 다양한 운전 시뮬레이터 측정 결과와 중간 정도의 상관관계가 있었다. 그러나 이러한 유형의 다른 검사에서와 같이 노령 참가자들은 수행 능력에서 큰 폭의 개인차를 보였고 그중 많은 참가자들이 젊은 운전자 집단과 같은 범위 내의 결과를 얻었다. 이는 주변 움직임 처리의 나이 관련 쇠퇴가 노령화의 불가피한 결과가 아니라는 것을 암시한다.

정보 처리

몇몇 연구자들은 사람이 나이가 들어가면서 여러 정보 처리 작업을 수행하는 데 시간이 더 오래 걸린다는 것과, 이 처리 속도 저하가 노령 운전자들의 많은 인지적 작업 능력 저하―작업의 처리 속도뿐 아니라 얼마나 많은 실수를 하는지의 관점에서―의 원인이라고 말했다. 그러나 절대적 관점에서 보면 이러한 차이는 매우 미미해서 이것이 운전 수행 능력에 유의미한 영향을 준다는 결론을 내리기 위해서는 추가 연구가 필요하다.

주의 집중 문제와 더불어 전반적인 인지 저하도 일부 노령 운전자의 문제 패턴에 기여하는데, 여기에는 특히 교차로에서 겪는 어려움이 포함된다. 인지 저하로 인해 노령 운전자는 주관적으로 모든 일이 더 빨리 일어나는 것처럼 느낄 수 있다. 매번 인지적 작동을 하는 데 젊은 운전자들보다 더 많은 시간이 필요하기 때문이다. 노령 운전자가 좀 더 느리고, 조심스럽게, 방어적으로 운전함으로써 어느 정도까지는 모든 인지 저하를 보완할 수 있다. 운전은 '자율 조정'이 가능한 활동이므로 노령 운전자들은 시시각각 급변하는 운전 상황에 자신을 느린 속도로 노출시킴으로써 운전 상황에 합리적으로 잘 대처할 수 있다.

대부분의 상황에서 서행은 효과가 있으며 하카미스-블롬퀴스트가 지적한 대로 이런 이유로 노령 운전자는 일반적으로 비교적 안전한 운전자이다. 그러나 교차로는 사건의 발생 속도가 운전자의 통제 범위를 벗어나는 상황이다. 번잡한 교차로를 통과하려면 운전자는 상황을 신속히 파악하고, 양방향의 교통 흐름 사이에서 안전한 틈새를 포착해 재빨리 빠져나가야 한다. 만약 인지 저하로 인해 이러한 단계가 조금씩 더 오래 걸리게 된다면 노령 운전자는 문제에 직면할 수 있다.

이 문제가 주의 집중 문제와 합쳐지고 스트레스와 불안에 의해 악화되면 운전자의 유효 시야를 좁히는 결과를 낳는다고 알려져 있으며, 이로써 왜 노령 운전자들이 교차로에서 충돌 사고의 위험이 더 높아지는지 알 수 있다.

위험 인식

노령 운전자들이 주의 집중에 관한 실험실 검사에서 더 나쁜 점수를 받기는 하지만 노화가 위험 인식 능력에 영향을 주는 것 같지는 않다. 많은 연구에 의하면 노령 운전자들은 젊은 운전자들과 비슷한 스캐닝 패턴을 보이지만 젊은 운전자에 비해 더 많은 위험을 감지한다. 이를 해석하자면 노령 운전자들은 자신의 운전 경험에서 나온 도식을 바탕으로 작동할 수 있다는 의미이다. 이로 인해 노령 운전자들은 위험을 예상할 수 있고 급격한 비상 대응을 할 필요성이 줄어든다. 반면 젊은 운전자들은 위험이 실제로 발생했을 때 상황에 대응해야 한다.

운전에 영향을 주는 나이와 관련된 질병

안과 질환

운전자가 나이가 들면서 시력이 저하되는 것은 흔한 일이다. 그러나 '건강하고' 정상적인 나이 관련 시력 감퇴와 소수 운전자에게만 영향을 미치는 질병으로 인한 시력 감퇴를 구별하는 것이 중요하다. 자연적 시력 감퇴에는 시각 체계가 주변 조명 속 변화에 대응하는 속도를 저하시키는 시신경과 망막의 변화가 포함된다. 이러한 변화가 노령 운전자들이 응답한 어려움 중 마주 오는 차량 전조등으로 인한 눈부심 현상의 주요 요인으로 추측된다. 노화가 진행됨에 따라 수정체는 두꺼워지고, 누래지고, 탄력이 줄어든다. 이러한 현상은 눈의 뒤편에 도달하는 빛의 양을 줄어들게 하고 45세 이상 사람들에게는 친숙한 노안 상태를 초래하는데, 이렇게 되면 가까운 물체에 초점을 맞추는 것이 갈수록 어려워진다. 시야 폭(볼 수 있는 면적) 또한 나이가 들어가면서 다소 줄어든다.

운전을 위험하게 할 정도로 시력을 손상시킬 수 있고 노년기에 발생하기 쉬운 여러 가지 질환이 있다. 백내장은 이미지에 초점을 맞추기 어렵게 하고 대비 민감도와 상세 시력에 손상을 준다. 녹내장과 당뇨로 인한 망막증은 망막을 손상시켜 주변 시력을 잃게 만든다. 이는 중심 시력을 잃는 것보다 운전에 더 나쁜 영향을 준다. 정상일 때 시야각은 약 200도이다. 영국의 경우, 운전자에 대한 법적 시력 요건은 수평 시야 최소 120도, 측면 고정은 최소 50도가 되어야 하고, 중심 시야 20도 이내에 시력 결손이 없어야 한다. 재닛 스즐리크 외 연구진은 황반 변성처럼 중심 시력을 손상시키는 질병보다 주변 시력을 손상시키는 질병이 높은 교통사고율과 더 관련이 있다고 말한다.

뇌졸중도 시야 절반의 시력 손상(반맹) 또는 제한된 영역의 시력 상실(암점)을 초래할 수 있다. 이따금 사람들은 자신이 이러한 유형의 시야 결손을 가지고 있다는 사실을 전혀 깨닫지 못하는데 특히 문제되는 부분이 시야의 상대적으로 작은 부분에 걸쳐 있는 경우에 그렇다. 존슨과 켈트너(1983)는 운전자 1000명을 대상으로 한 연구에서 두 눈에 중대한 시야 결손이 있는 운전자는 비슷한 연령 대의 시야 결손이 없는 운전자에 비해 사고율이 두 배인 것을 발견했다. (한쪽 눈에 시야 결손이 있거나 한쪽 눈이 안 보이는 운전자는 건강한 운전자와 비슷한 사고율을 보였다.) 모든 연구가 그렇게 명확한 결과를 보여 주지 않는 이유는 아마도 시야 결손을 측정하는 절차상의 차이, 또는 사람들이 얼마나 잘 대처하는가의 개인차 때문이라고 보인다.

치매

많은 노령 운전자들이 자신의 장애에 대해 어느 정도는 알기 때문에 자신이 감당할 수 있는 조건에서만 제한적으로 운전하려고 노력한다. 하지만 이러한 상황이 해당되지 않는 노령 운전자 그룹이 있다. 바로 치매 초기인 노령 운전자들이다. 연구에 의하면 대부분의 노령 운전자들은 일단 치매로 진단받으면 기꺼이 운전을 포기한다. 그러나 일부 연구에서는 치매를 앓고 있는 사람 중 30~45%에 달하는 운전자가 치매 진단, 면허 취소, 가족의 압력에도 불구하고 운전을 계속하고 있다고 밝혀졌다. 또한 운전자가 공식적으로 알츠하이머라고 진단받기 전 평균 3년간 경도 인지 장애를 경험할 수 있는 것도 문제이다. 이들은 자신이 감당할 수 있다고 느끼는 조건까지 운전을 제한해야 하는데도 이들 중 많은 사람이 계속 운전을 한다.

치매 초기 단계인 운전자들을 가려내는 가장 좋은 방법은 무엇일까? 한 가지 방법은 정신 능력 검사를 시행하는 것이다. 이 검사 중 가장 널리 쓰이고 있는 것이 '간이 인지 기능 검사'이다. 그러나 이 검사 점수가 운전 능력과 상관관계가 있긴 하지만 후향적 연구에 따르면 무사고 치매 환자 그룹과 한 번이라도 사고를 낸 그룹 사이에 실제로는 거의 차이가 없었다.

돕스, 헬러, 스코플러셔(1998) 공동 연구진은 노령 운전자들이 특히 까다로워 하는 회전, 차선 변경, 합류와 같은 운전 조작에 중점을 둔 운전 검사를 고안해 냈다. 연구진은 젊고 '정상적'인 운전자(30~40세), '정상적' 노령 운전자

(65세 이상), 알츠하이머 초기로 보이는 비슷한 연령대 운전자 이 세 그룹을 검사했다. 치매 초기 운전자들의 68%, '정상적' 노령 운전자의 25%, 젊은 '정상적' 운전자의 단 3%가 검사에서 탈락했다. 치매 초기 그룹은 나머지 두 그룹보다 위험한 잘못을 훨씬 더 많이 범했고 나머지 두 그룹은 차이가 없었다. 위험한 실수의 50%는 차선 변경, 다른 차량과 합류 또는 교차로에 접근할 때 발생했다. 또한 25%는 좌회전 시 발생했고, 15%는 교차로에서 정지하지 못한 것이 포함되었다. 나머지 잘못은 우회전(6%), 정지 동작(8%)에서 발생했다. 치매는 인지 능력(시각 인식, 기억, 집중, 문제 해결, 의사 결정)뿐 아니라 성격(공격성 증가와 탈 억제)에도 영향을 미치므로, 운전이 영향을 받는다는 것은 놀랍지 않을 것이다.

종합해 볼 때, 여러 자료는 나이 자체로 인한 운전 능력의 감퇴는 상대적으로 미미한 반면 치매 초기 노령 운전자의 능력 저하는 심각할 수 있다는 것을 말해 준다. 돕스 외 연구진의 공식 운전 능력 검사 결과는 치매를 앓고 있는 운전자들이 교통사고의 위험에 심각하게 노출되어 있다는 것을 보여 주는 많은 후행적 연구와 일치한다. 예를 들면,

호주의 린 뮐러너와 연구진은 치매로 진단받은 운전자 그룹은 이전 3년간(예를 들면 치매 초기 단계일 때) 비슷한 연령대의 건강한 그룹에 비해서 거의 두 배나 사고를 낸 것을 밝혀냈다.

마로톨리와 리처드슨(1998)의 연구에 의하면 적어도 일부 노령 운전자들은 자신의 능력 손상 정도에 대한 이해가 부족한 것으로 나타났다. 이들 연구진은 77세 이상의 노령 운전자 그룹을 대상으로 운전 능력과 자신감 및 운전 능력에 대한 자기 평가의 관계를 조사했다. 운전 시험을 치른 사람 중 거의 3분의 1이 감독관에 의해 중간 정도 또는 심각한 어려움을 보인다고 평가를 받았는데도, 모든 운전자가 자신들을 평균 또는 평균 이상이라고 평가했다. 또한 운전자들은 자신의 실제 도로 주행 점수와는 상관없이 운전 능력에 매우 자신감이 있었다. 3장에서 살펴본 것처럼 수많은 연구에 의하면 젊은 운전자들이 또래 집단과 비교하여 자신의 운전 실력을 과대평가한다. 이러한 편향은 대체로 변하지 않은 채 성인 후반기에도 지속되며, 노령 운전자가 되어 자신의 능력에 대한 단적인 이미지를 보여 주는 경험을 하더라도 바뀌지 않는 것으로 보인다.

결론

이번 장에서 다룬 여러 연구는 노령 운전자의 '문제'가 실제보다 부풀려져 있음을 보여 준다. 원래 시간의 흐름에 따른 노화의 정도는 운전 능력을 제대로 예측해 줄 수 없다. 대부분의 노령 운전자들은 더할 나위 없이 안전하다. 건강한 사람들에게는 나이 관련 시각 및 인지 능력 저하가 상대적으로 낮게 나타났다. 연구 결과는 시력 측정, 인지 측정, 교통사고율 사이의 강력한 상관관계를 지속적으로 보여 주지 못했다.

나이에 따라 운전면허가 의무 재발급되어야 하는지에 관한 많은 연구가 이루어졌다. 그러한 법을 시행 중인 국가 또는 주와 비슷한 지역(예를 들면 핀란드 대 스웨덴, 뉴 사우스웨일스 대 빅토리아, 미국 내 많은 주)을 비교해 보아도 재시험을 치른 후 받은 면허가 노령 운전자의 사고율에 영향을 주었다는 결과를 찾을 수 없다. 여기에는 많은 이유가 있을 수 있다. 면허 재발급에는 보통 시력 검사가 포함되는데 이제까지 살펴본 것처럼 시력 검사만으로는 위험이 예상되는 운전자를 찾아내지 못할 것이다.

나쁜 시력이 노령 운전자(또는 다른 연령대 운전자, 동일 사안)의 사고 위험을 높이는 주요 요인이라는 증거는 거의 없다. 부분적 이유로는 시각 시스템의 기본 능력이 운전에 필요한 요건을 충족하고도 남기 때문이다. 차선 준수와 충돌 방지는 세부 시력이 없어도 얼마든지 가능하다. 운전 중에 발생하는 많은 자극은 단지 감지될 수만 있으면 되는데 이는 자극을 식별해 내는 것보다 쉬운 작업이다. 예를 들어 교차로에서 운전자는 마주 오는 차량의 제조사와 모델을 식별해야 하는 것이 아니라 '무언가' 다가오고 있다는 것만 볼 수 있으면 된다. 도로 표지판을 읽는 것처럼 식별이 필요한 경우에는 해당 정보가 인지 임계치보다 훨씬 더 높게 표시되어 있고(표지판은 굵은 글씨이고 쉽게 구별하도록 고 대비 단순 도식으로 디자인됨), 예비도가 높으며(표지판은 종종 반복 배치됨), 속도를 조절할 수 있는 운전의 특성상 운전자가 감당할 수 있다(도로 표지판을 읽기 위해 속도를 늦추고, 야간에 천천히 운전한다). 식별보다 감지가 더 중요하다는 사실은 주변 시력을 손상시키는 질병이 왜 안전 운전을 위해 더 중요한지를 설명해 준다. 또 다른 요인은 운전의 많은 부분이 매우 예측 가능한 활동이라는 점이다. 이로 인해 운전자들은 주변의 모든 것을 시각적으로 상세히 분석하기보다는 일어나리라고 예상하는 것을 바탕으로 행동할 수 있다.

최근에는 연구의 중심축이 유효 시야 검사와 신경 심리학 연구에서 나온 인지 능력 평가를 포함하는 일련의 검사의 효용성을 검토하는 쪽으로 옮겨 가고 있다. 그러나 시력 검사이든 인지 능력 검사이든 노령 운전자 대상의 검사는 두 가지 이유로 가격 대비 효용성이 떨어질 수 있다. 첫째, 위험할 가능성이 있는 소수를 찾아내기 위해 엄청난 수의 노령 운전자가 검사를 받아야 한다. 둘째, 이들 검사가 실제 운전 능력에 대한 예측을 하기에는 매우 부족해서 어쩔 수 없이 많은 잘못된 부정적 결과와 잘못된 긍정적 결과—전혀 안전에 문제가 없는 운전자가 위험 운전자로 잘못 식별될 수도 있고 그 반대일 수도 있다—를 얻게 될 수 있다.

많은 노령 운전자들은 자신의 능력이 저하되고 있다는 사실을 안다. 그러므로 더 천천히 운전하고 안전거리를 더 확보하면서 자신이 감당할 수 있다고 느끼는 조건 아래서만 운전하며 이러한 능력 저하를 보완하려고 노력한다. 여러 상황에서 이러한 노력으로 인해 노령 운전자들은 오히려 젊은 운전자들보다 실제로 더 안전하다.

리드, 키니어, 위버(2012)의 공동 연구가 이러한 사실을 잘 드러내 준다. 연구진은 각기 다른 연령대의 운전자를 대상으로 모든 종류의 시각 및 인지 검사와 시뮬레이터 주행 시험까지 실시했다. 각종 검사에서 노령 운전자들은 유효 시야 축소, 대비 시력 감소, 반응 시간 지연처럼 여러 연구의 일반적 결과대로 부족한 점을 드러냈다. 그러나 시뮬레이터 검사에서 노령 운전자들의 느리고 더 조심스러운 운전 스타일은 (주차된 트럭 뒤에서 행인이 갑자기 튀어나오는 것과 같은) 갑작스런 위험에 젊은 사람들보다 더 낫지는 않더라도 젊은 운전자만큼은 대처할 수 있다는 것을 발견했다. 많은 연구와 맥을 같이하여 리드 외 연구진은, 노령 운전자가 나이 관련 시각 및 인지 능력의 저하는 있지만 더 주의를 기울이면 해결될 수 있는 수준이므로, 전반적으로 볼 때 많은 노령 운전자들이 안전하다는 연구 결과를 얻었다.

리드 외 연구진의 연구에서 주목할 만한 측면은 노령 운전자들 간 능력이 대중이 없다는 점이다. 즉 일부 최고령 운전자들은 젊은 운전자들의 반응 시간 범위 내와 같은 반응 시간을 보였다. 이러한 기복은 여러 연구자들에 의해 자주 지적되었다. 하카미스-블롬퀴스트는 정상적이고 건강한 노화는 심각한 운전 능력 저하와 전혀 관련이 없다고 말했다. 단지 나이가 들어 감에 따라 운전 능력 손상으로 이어지는 건강 문제(안과 질환과 치매 같은)를 겪을 위험이 더 커질 뿐이다.

실제로는 운전자들이 나이 들어 감에 따라, 사고 위험에 더 많이 노출되어 있고 기능이 손상된 운전자들의 소집단이 늘어나는 것이다. 이들을 건강한 노령 운전자와 일괄적으로 묶어 분류하는 것은 전체 노령 운전자 그룹의 외견상 위험 수준을 왜곡하는 것이다. 진정한 문제는 건강하지 않은 운전자를 식별해 운전을 그만두도록 설득하는 것이다. 위험할 정도로 기능이 저하된 노령 운전자들이 운전을 계속하겠다고 고집할 수도 있는데 그 이유는 젊은 운전자와 마찬가지로 자신의 운전 기술을 과대평가하기 때문이다. 80세 이상의 일부 노령 운전자들은 교차로에서 특히 어려움을 겪는 것으로 보인다. (T자 교차로보다 신호등이나 우회 도로를 설치하거나 도로 표지판을 더 크고 눈에 잘 띄게 만드는 것 같이) 도로 설계를 변경하는 것도 이러한 유형의 사고를 줄이는 데 도움이 될 수 있다. 또한 몇몇 연구에 의하면 교차로에서의 탐색 패턴 같은 보완 전략을 사용하도록 노령 운전자들을 훈련하면 운전 능력이 개선되는 것으로 나타났다.

마지막으로 연구에서 젊은 운전자와 노령 운전자를 비교하는 데 있어 젊은 운전자와 노령 운전자 그룹을 비교할 때 횡단적 디자인을 사용한다는 것을 염두에 둘 필요가 있다. (그 대안인 단일 운전자 그룹을 전 생애 주기 동안 추적하는 종단적 연구는 다소 지루할 수도 있다!) 이러한 유형의 연구는 '코호트 효과(코호트는 특정 경험, 특히 연령을 공유하는 사람들의 집합체를 말하며, 코호트 간의 견해와 가치관 차이를 코호트 효과라 한다—옮긴이 주)'를 갖는 경향이 있는데, 노령 운전자들은 단지 시간상의 나이 외에도 여러모로 젊은 운전자와 다르다. 오늘날의 노령 운전자가 운전을 배울 시기에 운전면허 시험은 훨씬 쉬웠고 도로는 훨씬 덜 붐볐으며 고속 도로도 많지 않았다.

코호트 효과로 왜 여성 노령 운전자들이 특히 사고를 내기 쉬운 그룹으로 보이는지를 설명할 수 있다. 오늘날의 많은 여성 노령 운전자들은 운전면허는 오래전에 땄지만 운전은 주로 남편들에게 맡겼다. 일반적으로 고도로 숙련된 기술은 비숙련된 기술보다 더 느리게 퇴화한다고 알려져 있다. 만약 이들 여성 노령 운전자들이 이제 와서 운전을 한다면 고령 운전자이기도 하지만 운전 연습을 거의 하지 못한 비숙련 운전자이기도 하다. 노령 운전자들이 사고를 내면 나이를 탓하고 싶은 유혹이 들 수 있지만 그들은 처음부터 운전을 잘한 적이 없을 수도 있다.

성격과 운전

심지어 특정 나이대와 성별 그룹 내에서도 어떤 사람들은 다른 사람들보다 사고를 더 자주 내기도 한다. 여기에는 성격적 특성이 중요한 역할을 하는 것처럼 보인다. 그러나 실제로는 성격 기준과 운전 능력 사이에 어떤 명확한 관계를 찾는 일은 놀라울 정도로 어렵다. 여러 연구에서 한 가지 이상의 성격 요인과 사고율 간의 약간의 연결 고리를 발견하기는 했지만 일반적으로 상관관계는 크지 않다. 한 가지 원인으로 자료가 너무나 부정확하고 "노이즈"가 많아서 그 바탕에 깔린 관계를 감지하기가 어렵다는 것을 들 수 있다.

성격 측정의 문제점

———

노이즈의 한 가지 근원은 성격 측정과 관련이 있다. 누구나 성격에 대해서 직관적으로는 알고 있으나 그 직관이 과학적 조사를 위한 견고한 기초가 되지는 않는다. 심리학자들에게 성격적 특성은 본질적으로 사람들이 설문지 문항에 어떻게 응답하는지 그 차이에서 이끌어 낸 통계적 구성 개념이다. 예를 들면 '아이젱크 성격 검사'에는 "밖으로 나가기를 좋아합니까?"와 "사람들을 만나는 것보다 독서를 좋아합니까?"라는 문항이 있다. 내성적인 사람들은 각각 "아니오"와 "네"라고 응답할 것이고, 외향적인 사람들은 그 반대로 답할 것이다.

이런 식으로 규정된 성격 특성은 무엇이 '성격'을 구성하는지에 관한 우리의 주관적 인상과도 일치하지 않고, 개인이 진정한 차이를 드러내는 기저의 측면과도 일치하지 않는다. 예를 들면 외향성, 감각 추구, 충동성이라는 성격 측면은 어느 정도는 전부 다른 것처럼 보이지만 또 한편으로는 서로 겹치는 것처럼 보이기도 한다. 그 결과 '외향성' 측정을 목적으로 한 설문지는 어느 정도는 외향성의 측면을 측정할 수 있지만, 전체 점수는 다른 요소들로 인한 응답으로 인해 오염될 수 있다. 그러므로 불완전한 외향성의 측정이라는 최종 결과가 나온다.

성격 검사에서 단일 특성만을 측정한다 하더라도 그 특성의 일부 측면이 안전 운전에 도움이 될 수는 있겠지만 나머지는 아닐 수 있다. 라쥬넨(2001)이 지적했듯이 신경증(운전 시 불안이나 우울감 같이)의 어떤 측면이 운전자가 저지르는 실수를 증가시키므로 운전 능력을 저하시킬 수도 있는 반면 다른 측면(예를 들면, 걱정을 많이 하는 성격)이 안전에 대한 우려를 증가시켜 안전한 운전을 하게 만들 수도 있다.

마지막으로 개인의 행동은 안정적 성격 특성에 의해서만 결정되는 것이 아니라 개인이 처한 상황의 영향도 받는다. 공격성이 높은 성격 특성을 가진 사람은 운전하는 내내 공격적인 것이 아니라 어떤 상황(예를 들면 교통 정체 구간 한복판에 갇혔을 때)에서만 다른 사람보다 공격적일 수 있다. 다시 말해 이러한 요소는 자료의 정확성을 떨어뜨리게 될 것이다.

사고율 측정의 문제점

──

데이터에서 또 다른 노이즈의 근원은 위험을 평가하는 문제와 관련해서이다. 개인의 차원에서 보면 교통사고는 드물게 일어난다. 영국에서는 연간 대략 18만 6000건의 심각한 교통사고가 일어나지만 운전면허를 가진 총 인구는 3700만 명 정도이다. 공식 집계된 교통사고의 빈도가 낮으므로 연구자들이 매우 방대한 운전자 샘플을 갖고 있다 해도(그리고 사실 대부분의 경우에는 그렇지도 않다) 정작 사고에 관한 자료는 매우 적은 셈이다. 많은 연구자들은 운전자 자기 보고 방식으로 이러한 문제를 우회하여 해결하려고 한다. 연구진은 운전자들에게 특정 기간 동안, 가령 지난 3년간, 운전자들이 낸 사고와 거의 낼 뻔한 경우에 대해 질문한다. 아니면 운전자들에게 얼마나 자주 위험한 행동(과속 또는 정지 신호를 무시하고 지나치는지)을 하는지를 묻거나 그러한 행동에 대해 어떻게 생각하는지를 질문할 수도 있다.

위험한 행동에 대한 자기 보고가 사고율과 관련이 있다는 증거가 있다. 드 윈터와 도도우(2010)는 제임스 리즌의 "운전자 행동 설문지"를 사용한 70개 연구의 데이터를 종합했다. 이 설문지에서는 과실(운전 중 실수), 착오(좌회전이나 우회전 후 방향 지시기 끄는 것을 잊는 등), 위반(정지 신호에 그냥 지나치는 것처럼 고의로 법규를 위반한 것)에 관한 세부 사항에 대해 질문했다. 많은 연구자의 주장에 따르면 과실 및 착오(둘을 합쳐)와 위반 사이에는 중요한 차이가 있는데 후자가 자기 보고에 따른 사고를 더 잘 예측했다. 드 윈터와 도도우는 비록 절대적 관점에서 보면 상관관계가 그리 강하지는 않지만 전반적으로 위반이나 과실의 횟수가 많을수록 자기 보고에 따른 사고의 횟수도 늘어난다는 것을 발견했다. 이러한 전반적 결과는 나이와 성별의 영향을 받았으며, 법규 위반 횟수(과실이 아닌)는 나이가 들면서 줄어들고 남성 운전자가 여성보다 위반은 더 많이 하고 과실은 덜 범한다는 정석적 연구 결과와 맥을 같이했다. 법규 위반은 노령 운전자보다 젊은 운전자의 경우에 사고의 더 강력한 예측 인자였다.

자기 보고 측정의 문제는 신뢰도가 떨어진다는 점인데 그 이유는 운전자가 기억을 제대로 못하거나 자신의 입장을 유리하게 보이고 싶어 하기 때문이다. 3장에서 이미 채프먼과 언더우드(2000)의 연구를 언급했는데 이 연구에서는 운전자가 사고 직전까지 간 사건의 80%를 발생 후 2주 이내에 잊어버린다는 것을 보여 주었다. 그리브스와 엘리슨(2011)은 시드니에서 133명의 운전자를 대상으로 성격 검사를 진행하고 과속 행동에 대해 질문했다. 그러고 나서 참가자들에게는 '교통 계획'에 관한 연구의 일환이라 설명하고 그들의 차량에 5주간 GPS 장치를 설치했다. 자기 보고와 실제 가속 간의 상관관계는 다소 약했으며 많은 운전자가 자신이 얼마나 오랫동안 과속하는지에 대해 상당 수준 과소 또는 과대평가하고 있었다.

한번 결과를 측정하는 것만으로는 참가자 그룹 간의 중요한 차이가 드러나지 않을 수도 있다. 머슬화이트(2006)는 영국 운전자 1655명을 대상으로 표면적 일회성 '위험' 행동인 과속에 대해 설문 조사를 실시했다. 머슬화이트는 과속이 발생한 맥락에 관한 질문을 포함시켜 참가자들을 네 그룹으로 분류할 수 있었다. 의도치 않게 과속을 한 사람들이 가장 큰 그룹이었고 나머지는 스트레스에 대한 반응이나 급할 때 과속을 하는 '반응형' 그룹, 안전하다고 생각할 때(밤늦게 또는 지각했을 때) 과속하는 '계산형' 그룹, 자신을 위해 자주 과속을 하는 '지속적 위험' 그룹의 세 그룹으로 분류되었다. 지속적 위험 그룹에는 주로 젊은 운전자(평균 나이 26세)와 남성 운전자가 포함되었다. 의도치 않은 위험 그룹은 연령대가 가장 높았다(평균 나이 42세).

　마지막으로 언급하면, 심지어 고위험군 운전자들도 비교적 사고 횟수가 많지 않았기 때문에 대부분의 연구에서 참가자의 사고율을 사고 유형별로 세분화할 수 없었다. 그러나 다른 여러 유형의 사고는 다른 여러 성격 유형과 연관이 있을 수 있다. 만약 그렇다면 성격의 어떤 측면과 사고의 특수한 유형 간에 실제로 관계가 있을 수 있지만 특정 성격 속성이 관련되지 않는 다른 유형의 사고가 포함되어 이 관계가 가려졌을 수도 있다.

성격 이론

———

대부분의 성격 이론가들은 정상 행동의 가변성을 제한된 측면이나 '특성'의 관점에서 해석하고자 한다. 개인의 성격은 개인이 갖고 있는 각 특성의 총량의 결과이다. 많은 특성에 대한 추정치는 다양하지만 현재 학계에서는 다섯 가지 요인('빅 파이브')으로 성격 대부분의 측면을 충분히 설명할 수 있다고 합의가 이루어졌다. 이는 폴 코스타와 로버트 매크레이가 고안한 개방성, 성실성, 외향성, 친화성, 신경성의 다섯 가지 특성을 뜻하는 OCEAN 모델에 잘 예시되어 있다. (각 특성은 여러 각 '측면'으로 세분되며 차례로 측정된다.)

성격에 관해서는 다른 모델도 존재하지만 대부분의 운전에 관한 연구에서는 '빅 파이브' 모델을 사용하거나 감각 추구, 통제의 중심, 충동성, 공격성 같은 특수한 특성에 초점을 맞춘다. 빅 파이브 모델을 시작으로 하여 이들 이론을 차례로 살펴보기로 하자. 각 성격 특성의 주요 특징은 무엇이며, 각 특성은 실제의 운전 행동과 어떤 관련이 있을까?

외향성

외향성이 높은 사람들은 사람들과 잘 어울리고, 모험을 즐기고, 위험을 감수하고, 낙관적이고, 관심이 바깥세상을 향해 있다. 외향성이 낮은 (내성적인) 사람은 은둔하고, 사람들과 거리를 두고, 조심스럽고, 관심이 안으로 향한다. 외향성은 충동성, 감각 추구 성향과 연결되어 있는 것으로 보인다.

　한스 아이젱크의 외향성에 대한 원래 개념은 외향적인 사람들은 만성적으로 '각성이 되지 않은' 상태여서 내성적인 사람들보다 외부 자극이 더 많이 필요하다는 것이었다. 만약 그렇다면 외향적인 사람들은 자신의 각성 수준을 최적으로 끌어올리기 위해 자극을 추구할 수 있는데 그것이 이들을 감각 추구형으로 만든다. 외향적인 사람들은 특히 단조로운 업무에는 참여하지 않고 쉽게 피로해지는 경향이 있다(그 자체가 사고의 주요 요인이다—6장 참조). 반대로 외향적인 사람들의 밖으로 향하는 성향은 환경에 더 주의를 기울이게 만들어 다가오는 위험을 더 잘 인식한다.

　실제로 많은 연구 결과에서 높은 수준의 외향성이 교통사고, 교통 법규 위반, 다양한 다른 위험한 운전 방식과 연관이 있다고 보았다. 클라크와 로버트슨(2005)은 사고율과 성격 요인의 관계를 찾기 위해 47건의 연구 결과를 살펴보았다. 종합해 볼 때 성격이라는 변수와 사고율의 상관관계는 매우 낮았지만 외향성과 교통사고 사이에는 어느 정도 상관관계가 있었다. 실제로 성별과 나이 다음으로 외향성이 운전 능력을 가장 잘 예측하는 인자로 보인다.

신경증

신경증이 심한 사람들은 쉽게 주의가 분산되고, 불안정하고, 긴장되어 있고, 인내심이 없고, 화가 나 있고, 걱정이 많고, 비관적이고, 자기 연민이 강하고, 억울해 한다. 이러한 사람들은 부정적 감정을 경험하기 쉽고 문제 해결에 어려움을 보인다. 신경증이 심한 사람들은 스트레스를 효과적으로 극복하지 못하고, 비이성적 사고를 하는 경향이 있다. 반면 신경증 성향이 낮은 사람들은 평온하고, 안정적이며, 느긋하고, 만족할 줄 안다.

많은 연구에서 높은 신경증 성향이 위험 운전, 공격적 운전과 관련 있다는 것이 발견되었다. 신경증 성향 요소는 운전에 주로 간접적인 방식으로 영향을 미치는 것으로 보인다. 다시 말해 신경증 성향이 높은 운전자들은 주의가 더 쉽게 산만해지고 (자신의 걱정에 몰두하고 있으므로), 스트레스를 더 받고, 더 부정적 기분에 휩싸이기 쉽고, 공격 당했을 때 더 화내기 쉽다. 이러한 특징은 모두 안전 운전을 예측하는 요소와 거리가 멀다.

친화성

친화성이라는 성격 특성은 한 개인과 다른 사람들의 관계를 나타낸다. 친화력이 높은 사람들은 남을 믿고, 이타적이며, 공감 능력이 뛰어나고, 남을 돕고, 착하고, 공손하다. 친화력이 낮은 사람들은 자기중심적이고, 적대적이며, 모질고, 남을 조종하려 하고, 불손하고, 화를 잘 내고, 공격적이고, 경쟁적이고, 가차 없고, 쉽게 대립하며, 남을 믿지 못한다.

낮은 친화성이 공격적 행동, 특히 운전 관련 공격성과 관련이 있을 수 있긴 하지만 실제로 이 관계를 실증적으로 증명한 연구는 거의 없다. 클라크와 로버트슨(2005)은 친화성이 낮은 사람들이 다른 차량 운전자와 갈등을 빚기 쉽기 때문에 사고 위험이 더 높다고 말한다.

개방성

개방성이 높은 사람들은 독립적이고, 호기심이 많고, 구태의연하지 않으며, 이상적이고, 상상력이 풍부하다. 새로운 경험과 사상을 잘 받아들이고, 신기한 것과 미지의 것을 잘

포용한다. 개방성이 낮은 사람들은 규율에 순응하고, 실용적이며, 관심의 폭이 좁고, 새로운 사상을 잘 받아들이지 않는다.

개방성이 높은 사람들은 훈련을 잘 받아들인다. 그러나 일상적 작업 환경에서 규칙을 어기고, 실험적 행동을 하고, 즉흥적 행동을 더 많이 하는 경향이 있는데 이러한 모든 요인이 안전 운전을 저해할 수 있다.

벤필드, 스즈렘코, 벨(2007) 공동 연구진은 운전 중 나타난 공격적 행위의 대다수는 개방성 척도와 친화성 및 성실성 척도의 낮은 점수와 연관이 있다고 결론 내렸다.

성실성

성실성이 높은 사람은 책임감이 강하고, 빈틈없고, 믿음직스럽고, 조심스러우며, 철저하고, 자율적이고, 목표 지향적이다. 성실성이 낮은 사람은 비사회적이고, 무질서하며, 충동적이고, 반항적이며, 조심성이 없다. 이들이 의사 결정에서 꼼꼼하지 못한 이유는 앞으로의 계획을 세우지 못하는 것과 연관이 있다. 이들은 즉각적 욕구에 집중하고 규칙과

규제를 준수하지 않는다. 많은 연구에 따르면 높은 성실성은 낮은 사고율과 관련이 있는 것으로 나타났다.

감각 추구

감각 추구는 "다양하고, 신기하고, 복잡하고, 강한 감각과 경험을 추구하고 그런 경험을 위해 신체적, 사회적, 법적, 재정적 위험을 기꺼이 감수하는 것으로 정의되는 특성"이다(주커만, 1994). 주커만에 의하면 여기에는 좀 더 세부적인 네 가지 측면이 있다. 즉 '스릴과 모험 추구(짜릿하고 위험한 스포츠 활동을 통한 특수한 감각 추구)', '경험 추구(예를 들어 마약처럼 새롭고 파격적 경험 추구)', '권태 감수성(지루하거나 반복적 작업 혐오)', '탈 억제(예를 들어 알코올이나 파티 같은 것을 통해 자기 통제를 잃고 싶은 욕망)'이다.

감각 추구 성향이 성격 모델의 어떤 부분에 속하는지에 관해서는 약간의 논란이 있다. 가장 대중적 견해는 감각 추구 그 자체가 성격 특성이 아니고 '빅 파이브' 모델의 다양한 측면에 대한 점수들이 보여 주는 특정 프로필의 결과라는 것이다. 감각 추구 성향이 낮은 사람에 비해 높은 사람들은 외향성과 경험에 대한 개방성이 더 높고 성실성과 친화성은 더 낮은 것으로 보인다.

감각 추구는 위험성에 있어 나이와 성별에 관련된 차이와 흥미로운 유사성이 있다. 즉, 여성보다 남성에서 더 높고 16세까지는 나이에 따라 증가하다가 20대 초반에 들어서면서 점차 감소한다. 요나(1997)는 감각 추구와 위험한 운전 행동의 연관성을 찾으려 시도한 40편의 연구를 검토하였다. 네 건의 연구를 제외하고 거의 모든 연구에서 감각 추구와 위험한 운전의 일부 측면 사이에 의미 있는 양의 관계가 확인되었다. 감각 추구의 하위 요인에 대한 조사가 자주 이루어지지 않았음에도 불구하고 '스릴과 모험 추구' 요인은 '탈 억제'와 '경험 추구' 다음으로 위험 운전과 강한 상관관계가 있는 것으로 보인다.

그러나 감각 추구로 위험 운전을 완벽하게 설명할 수 있다고 흥분하기에 앞서, 운전 행동과 감각 추구의 상관관계가 흔히 생각하는 것보다 약하다는 점에 주목해야 한다. 이는 감각 추구로 설명할 수 있는 것은 운전자들의 다양한 위험성의 일부에 지나지 않는다는 뜻이다. 또한 아넷(1996)이 지적한 대로 높은 감각 추구 성향을 보이는 운전자뿐만 아니라 젊은 운전자들 사이에도 무모한 운전이 성행한다. 미국 고등학생과 대학생을 대상으로 한 아넷의 연구에서 높은 감각 추구 성향을 보이는 사람들은 시속 80마일 이상으로 과속하고, 경주를 하며, 음주 운전을 했다. 그러나 80% 이상의 학생들이 이러한 일들을 한다고 응답했으며, 물론 감각 추구 성향이 높은 사람들이 더 많은 횟수를 기록했겠지만 이 그룹에만 국한된 행동은 결코 아니었다. 명백히 '감각 추구'는 젊은이들의 무모한 행동을 설명하는 특성 중 일부에 지나지 않는다.

통제 위치

통제 위치란 사람들이 자신의 운명이 외력에 의해 결정되는 것이 아니라 자신이 운명을 통제할 수 있다고 믿는 정도를 말한다. 내적 통제 위치를 가진 사람들은 일의 결과가 자신의 기술, 노력, 또는 행동에 달려 있다고 믿는다. 반면 외적 통제 위치를 가진 사람들은 자신이 자신에게 일어나는 일을 통제할 수 없고 모든 것이 대체로 운이나 '운명'이라 믿는다.

통제 위치가 사고율에 미치는 영향을 분명히 예측하기는 어렵다. 내적 통제 위치를 가진 운전자는 자신에게 일어나는 일을 통제할 수 있다는 믿음이 더 크고 자신의 의지로 사고를 면할 수 있다고 생각하기 때문에 더욱 난폭하게 운전한다고 주장하는 사람도 있을 것이다. 하지만 같은 맥락에서 외적 통제 위치를 가진 운전자들이 사고는 대부분 운에 따른 것이라고 믿는다면 사고를 피해 보려는 시도조차 하지 않을 것이라고 주장할 수 있다.

통제 위치의 결과에 관한 실증적 자료는 다소 애매하다. 홀랜드, 제라티, 샤(2010)는 성별과 운전 경험처럼 통제 위치와 상호 작용하는 요인을 연구에서 고려하지 못했기 때문이라고 결론지었다. 흔히 여성은 비교적 외적 통제 위치를 가지고 있고 남성은 내적 통제 위치를 가지고 있다. 이전 연구와 공통적으로 홀랜드 외 연구진은 통제 위치와 위험한 운전 사이에 아무런 연관성을 찾지 못했다. 그러나 성별, 운전 경험, 통제 위치의 결과가 어떻게 상호 작용하는지에 관한 흥미로운 추측을 내놓았다. 젊은 남성들은 운전 경력이 더 많은데도 불구하고 젊은 여성 운전자들보다 더 지속적으로 위험한 운전을 한다. 이는 아마도 남성 특유의 내적 통제 위치가 자신이 상황을 통제할 수 있다고 믿게 만드는 것 같다. 여성의 행동에 더 영향을 주는 것은 경험인데 이는 여성들이 상대적으로 외적 통제 위치를 가졌기 때문이다.

충동성

충동성은 사람들이 자신의 행동을 통제하는 정도와 관련이 있다. 이는 감각 추구와 관련이 있는 것으로 보인다. 다렌, 마틴, 레이건, 쿨먼(2005)은 높은 충동성이 음주 운전, 운전 중 법규 위반, 안전벨트 미착용, 높은 사고율로 연결된다는 여러 연구 결과를 검토했다. 충동성은 분노와 공격성과도 연결된다.

분노와 공격성

최근 들어 '난폭 운전'이라는 유형의 운전자 공격성이 언론의 상당한 조명을 받고 있다. 듀라와 발라드(2003)에 의하면 '공격적'이라고 분류된 운전자 행동에는 세 가지 다른 측면이 있다. 다시 말해, 신체, 언어, 또는 제스처를 사용한 공격적이고 고의적인 행동 (다른 운전자를 치거나, 상대방 운전자에게 욕을 하거나, 저속한 제스처를 하는 것), 운전 중 부정적 감정(예를 들면 분노), 위험 감수(빨간 신호등에 그냥 지나치거나 급격한 차선 변경)가 있다. 제리 데펜바허의 '운전 중 분노 척도' 점수는 주의 산만, 차량 제어 상실, 사고가 날 뻔한 상황 같은 위험한 행동과 양의(비록 약하기는 하지만) 상관관계가 있었다. 이러한 척도에서 남성은 여성보다 더 높은 점수를 기록했는데 이는 일상에서의 성별에 따른 공격성 차이가 운전에도 연장되어 적용된다는 것을 나타낸다.

위험을 감수하는 일이 '공격성'으로 간주되어야 하는지 공격성의 부작용으로 간주되어야 하는지는 논란의 여지가 있다. 다만 공격성과 위험 감수가 어느 정도 상관관계가 있다는 것은 확실하다. 앞서 언급한 아넷(1996)의 연구에서는 공격성에 대해서도 측정했다. 레이싱이나 과속처럼 여러 '무모한' 행동은 공격성과 중간 정도의 상관관계가 있었다. 사실 이러한 상관관계는 무모한 행동과 감각 추구 사이의 상관관계와 그리 다르지 않다.

여기서 한 가지 문제는 공격성이 변하지 않는 성격 특성

인지 운전자 자신이 처한 상황에 의해 촉발되는지이다. 이에 대해 답하자면 둘 다이다. 연구에 의하면 남성의 공격성이 나이와 운전 경력에 따라 줄어들기는 하지만 공격성에는 평생 지속되는, 어느 정도 변하지 않는 개인차가 존재한다. 그러나 '운전 중 분노 척도'의 점수는 운전 상황이 아닐 때의 분노 지수와 중간 정도의 상관관계만 있었는데 이는 운전할 때 화를 내는 운전자가 삶의 나머지 영역에서까지 화를 내는 사람은 아니라는 것을 나타낸다.

데펜바허는 운전자의 공격성은 '특성'과 '상태', 즉 화를 내는 운전자의 성향과 그가 처한 상황의 상호 작용에서 생겨난다고 말한다. 대학생 운전자를 대상으로 한 운전 중 분노를 조사한 연구에서 운전자의 '운전 중 분노 척도' 점수와 '화창한 날 시골길에서 아무런 방해를 받지 않고 운전하는' 자신을 상상할 때의 분노 수준 간에는 아무런 상관관계가 없었다. 어떤 상황이더라도 교통 상황이 악화되면 그들의 분노는 증가했다. 운전 중 분노로 인해 상담을 받은 운전자들에 대한 데펜바허와 동료 연구진의 연구에서는 이와 비슷한 특성과 분노 상태의 상호 작용을 찾아볼 수 있었다. 심하게 분노한 운전자와 약간 분노한 운전자들은 낮

은 수준의 도발의 경우에는 비슷했지만 도발 정도가 높아
질수록 분노가 심한 운전자들은 훨씬 더 화를 냈고 공격성
과 위험한 행동까지 보였다고 보고되었다(데펜바허, 허프, 린
치, 외팅, 살바토레, 2000).

라쥬넨과 파커(2001)는 일단 차에 타면 운전자의 성격
이 변한다는 개념에 의구심을 표했는데 공격성이 변하지
않는 성격 특성이라는 점을 감안할 때 이러한 가능성은 희
박하다. 연구진의 데이터에 의하면 분노, 언어적 공격성,
신체적 공격성, 운전의 관계는 복잡하며 각기 다른 상황이
각기 다른 패턴의 분노와 공격적 반응을 불러일으키는 것
으로 나타났다.

다각적 성격 특성

이러한 모든 일차원적 성격 특성의 측정에서 검사 점수와
사고율 사이의 상관관계는 보통 매우 낮다. 이 의미는 단일
성격 측정에서 개인의 점수를 아는 것이 실제로는 그 개인
이 얼마나 위험하게 운전할지에 관해 거의 알려 주지 못한

다는 뜻이다. 이런 이유로 어떤 연구자들은 성격 특성이 운전자의 위험성에 관해 더 나은 예측 지침이 되는지 살펴보고자 했다.

노르웨이 출신 심리학자 폴 울리베르그는 최초로 위험성이 한 가지 성격 척도가 아닌, 수많은 성격 척도와 관련이 있는지를 조사했다. 울리베르그는 성격, 위험에 대한 태도, 사고율 측정에 관한 종합적 분석이라고 불리는 통계 기법을 사용했다. 이 연구에서는 여섯 그룹의 운전자가 존재한다는 사실을 밝혀냈는데, 그중 둘은 '낮은 위험', 또 다른 둘은 '고위험' 그룹이었다. 고위험 그룹 운전자 중 한 그룹의 성격은 높은 수준의 감각 추구, 무 규범(어떤 목표를 달성하기 위해서는 사회적으로 용인되지 않은 행동이 필요하다는 믿음), 운전 중 분노, 낮은 이타심과 불안으로 특징지을 수 있었다. 이 고위험 그룹은 주로 남성이었고 위험 감수에서는 높은 점수, 위험에 대한 태도와 위험 인식에서는 낮은 점수를 기록했다. 또한 자신들의 운전 솜씨를 높이 평가했지만 여섯 그룹 중 가장 사고율이 높았다. 대부분이 여성인 또 다른 고위험군의 성격은 감각 추구, 공격성, 불안, 분노가 높았고 이타심이 낮은 것으로 나타났다. 이들은 위험한 운전

습관을 갖고 있었으며, 도로 안전에 대한 태도가 나쁘고, 사고율이 높았다. 이 그룹에 속하는 운전자들은 자신의 운전 실력을 그리 높게 평가하지는 않았고 자신의 사고 위험이 높다고 인식하고 있었다.

로마 대학의 파비오 루시디와 공동 연구진은 울리베르그와 비슷한 분석을 내놓았는데 통제 위치 척도를 포함시킨 것만 달랐다. 루시디 외 연구진은 운전자를 '위험한', '걱정이 많은', '조심하는'의 세 그룹으로 구분했다. '위험한' 그룹은 남성이고, 특징으로는 외적 통제 위치, 무 규범, 스릴 추구, 운전 중 분노가 높았고 불안과 이타심이 낮았다. 이들은 울리베르그 실험에서 두 개의 고위험군 중 하나의 그룹과 비슷했다. 다른 두 그룹에 비해 '위험' 그룹은 운전에 대한 신념, 사고율, 도로 안전에 대한 부정적 태도와 운전 행동 지수 항목인 '위반'에서 점수가 더 높았고 자신들의 사고 위험이 낮다는 강한 신념이 있었다.

다른 두 군은 울리베르크의 저위험군과 비슷했다. '걱정'군에는 남성보다 여성이 더 많았다. 이들은 '위험'군 운전자들보다 불안과 운전 중 분노는 높았지만 무 규범, 스릴 추구, 외적 통제 중심에서는 점수가 낮았다. 또한 '위험'군보다 위반과 확신은 낮았으나 깜박하는 실수는 비슷했다. 이들은 자신이 교통사고에 연루될 가능성이 가장 높다고 느끼고 있었다. 루시디와 연구진은 '위험'군에 비해 이들의 높은 불안과 사고 위험에 대한 인식이 교통 상황을 자신이 통제할 수 없다는 인식과 합쳐져 위험을 감수하려는 태도와 위험 운전이 줄어든다고 밝혔다. '조심하는' 운전자군은 남성과 여성의 수가 거의 같았다. 이들은 감정적 안정 점수가 높았고 운전 중 분노와 스릴 추구 점수는 낮았다. 이들은 불안에서는 다른 두 그룹의 중간쯤이었고 이타심에서는 최고점, 무 규범에서는 최저점을 기록했다. 내적 통제 위치 점수는 높았다. 도로 안전에 대한 태도는 더 긍정적이었고 위반, 잘못, 깜박하는 실수는 낮은 수준이었고 사고율도 더 낮았다.

독일의 필립 헤르츠베르그는 성격 점수에 관한 군집 분석을 수행하여 운전자를 세 유형으로 구분했다. '회복력 있는' 운전자들은 신경증적 성향이 낮았고 다른 네 가지 부문에서 보통 이상을 기록했다. '과잉 통제' 운전자들은 신경증적 성향이 높고 성실했으며 친화력은 보통, 외향성과 개방성은 낮았다. '과소 통제' 운전자들은 신경증적 성향과 개방성은 높고 성실성, 친화력은 낮으며, 외향성은 보통으로 나타났다. 이 세 그룹은 많은 부분에서 다르게 나타났는데 과잉 통제 그룹의 56%와 회복력 있는 그룹의 43%가 무사고인 반면 과소 통제 그룹은 23%만 무사고였다. 과소 통제 그룹에는 한 번 이상 사고 경험이 있는 운전자가 가장 많았다. 사고 경력 면에서는 회복력 있는 집단과 과소 통제 그룹의 60%에 비해서 과잉 통제 그룹의 81%가 무사고였다. 과소 통제 그룹은 다른 그룹과 비교하여 두 배나 많은 벌금을 낸 경험이 있고, 30%가 면허 정지 처분을 받은 적이 있다. 이는 벌금과 면허 정지 처분 경험자의 비율이 19%에 지나지 않는 과잉 통제 그룹과 비교된다. 음주 운전 확률은 과소 통제 그룹이 가장 높았고 회복력 있는 그룹 운전자들은 가장 낮았다.

결론

연구 결과는 성격 변수가 자기 보고에 따른 운전 행동에 영향을 미친다는 점을 확실히 보여 준다. 그러나 성격이 사고율에 영향을 준다는 증거는 그리 확실하지 않다. 한 가지 이유를 들면 데이터가 정리되어 있지 않아 연관성을 찾기가 극히 어렵다. 운전자들의 행동은 성격 특성만이 아니라 성격과 자신이 처한 상황과의 상관관계에 의해 결정된다. 또한 위험 운전이 재앙으로 귀결될지 아닌지는 운전자가 어떻게 행동하느냐에 의해서만 결정되는 것이 아니다. 다른 운전자들이 방어 운전을 하여 누군가의 위험 운전을 보완할 수도 있고 운이 작용할 수도 있다. 어느 경우라도 운전자 행동은 성격의 어느 한 가지 측정치보다는 종합적 성격 특성(예를 들면 성격 특성 스펙트럼 내에서의 개인차)으로 더 잘 예측할 수 있다.

여기서 더 복잡한 문제는 다양한 성격 특성이 여러 다른 유형의 위험한 운전 행동과 연결되어 있을 수도 있다는 점이다. 성격 측정치가 운전 행태를 예측하지 못하는 이유는 '위험 운전'이 너무 광범위하기 때문이다. 예를 들어 페르난데즈, 욥, 햇필드(2007)의 연구에 따르면 과속은 '권위 도전' 항목의 높은 점수로 예측할 수 있는 반면, 음주 운전은 이와 매우 다른, 감각 추구와 '낙관주의 편향(다른 사람과 비교하여 자신이 즐거운 일을 더 경험하고 불쾌한 일은 덜 경험한다는 믿음)' 같은 측정치의 높은 점수로 예측할 수 있었다. 추후 이 분야에서 성격이 운전 전체가 아니라 특정 운전 행동에 어떻게 영향을 미치는지를 더 살펴본다면 많은 성과가 있을 것이다.

06

상태가 나쁠 때의 운전

사람들은 피곤할 때, 술을 마신 후, 약물을 복용한 후(꼭 불법 약물이 아니더라도), 몸이 아플 때(전날 밤의 숙취로 인해)에도 운전을 한다. 분명 이런 모든 것이 정도가 심해지면 운전 능력에 영향을 줄 것이고, 실제로 피로와 음주 운전은 교통사고 통계에 기여하는 주요 요인이다. 그러나 약간 피곤하거나 법규에 저촉되는 수준이 아닌, 약간 술을 마신 운전자는 얼마나 위험할까?

피로

자주 발생하는 피로 관련 사고

피로로 인해 얼마나 많은 사고가 발생하는지 밝히는 것은 쉽지 않다. 피로는 직접 사고를 유발하기도 하지만, 좀 더 원인이 명확한 충돌 사고의 간접 원인이 피로일 가능성이 있다. 교통사고 통계 보고서에 의하면 교통사고로 인한 사망 사고의 약 4분의 1은 피로가 원인이다. 이는 주로 운전자들이 지루한 고속 도로에서 졸음운전에 빠지기 쉽기 때문이다. 흥미로운 점은 젊은 운전자는 이른 아침 시간에, 노령 운전자는 오후에 졸음운전을 하는 경향이 있다. 피로에 대한 민감도는 개인차도 있어서 외향적, 감각 추구형이 내향적, 저감각 추구형보다 피로에 더 민감하다.

폐쇄성 수면 무호흡증은 피로 관련 교통사고의 주요 위험 요소다. 이런 상태에서는 수면 중 목이 이완되어 호흡이 제한된다. 수면을 방해하는 순간이 짧기 때문에 자신이 잠을 제대로 자지 못했다는 사실은 깨닫지 못할 수 있지만, 낮에 자주 졸립다는 사실은 알고 있을 것이다. 샤마라 세나라트나 외 연구진(2017)의 보고서에 의하면 폐쇄성 수면 무호흡증은 매우 흔한 현상이며 전체 인구의 38%까지 이러한 증상을 가지고 있다. 임상적 차원(주간에 졸음에 의해 운전이 심각하게 영향을 받는 상황)에서 보면 폐쇄성 수면 무호흡증은 전 인구의 17%까지 해당될 수 있다. 폐쇄성 수면 무호흡증은 선진국에서는 점점 더 문제가 되고 있는데 이것이 비만과 관련이 있기 때문이다. 또한 남성과 노령 인구에서는 더 흔하다. 세나라트나 외 연구진은 60세 이상의 남성 운전자 90%가 경증 폐쇄성 수면 무호흡증을 가지고 있으며 그중 약 절반은 치료를 받아야 할 심각한 수준이라고 추산했다.

피로와 관련된 교통사고는 직업 운전자들에게 특별히 문제가 된다. 비록 운전 시간을 제한하는 규제가 있지만(적어도 유럽 연합 내에서) 장거리 화물차 운전자들은 교대 시간까지 오랜 시간 일하고, 잠깐 눈을 붙이거나, 숙면을 취하지 못하며, 긴 시간 동안 단조로운 고속 도로를, 때로는 야간에 운전해야 한다. 많은 직업 운전자의 근무 시간에 대해서는 아무런 제한이 없는데 택시 운전자, 영업 사원, 그리고 운전 강사가 이에 해당된다.

교통사고 통계에 비해서 운전자들의 자기 보고에 따른 연구에서는 운전자들이 위험할 정도로 피곤하다고 느끼는 횟수의 추정치가 더 높게 나오는 경향이 있는데, 이는 심각한 사고에만 국한하지 않고 거의 사고가 날 뻔한 상황이나 가벼운 사고까지 포함시켰기 때문으로 보인다. 이들 연구는 대부분의 운전자들이 운전하는 동안 문제가 될 정도의 피로를 경험했다는 것을 말해 준다. 운전자의 25~50%에 달하는 사람들이 운전 도중 어떤 경우 졸기도 했다고 응답했고, 10%가 넘는 운전자들이 졸다 사고를 낸 적이 있다고 시인했다.

교통사고 통계와 마찬가지로 설문을 통한 연구에서는 피로 문제가 직업 운전자들에게 더 심각하다고 말한다. 영국 운전자를 연구한 메이쿡(1997)에 따르면 60%에 달하는 회사 차 운전자들이 거의 졸면서 운전한 적이 있다고 답했다. 미국 장거리 운행 화물차 운전자들을 대상으로 한 앤매카트 외 연구진의 연구에서는 47%가 졸음운전 경험이 있는 것으로 나타났다. 새그버그 외 연구진(2004)은 피로 관련 사고는 모든 화물차 사고의 41%, 그중 사상자를 낸 사고의 30%를 차지한다고 결론지었다.

졸음과 피로의 심리학 이론

지금까지 '피로'에 관해 이야기했는데 그렇다면 피로란 정확히 무엇일까? '졸림'과 '피로'는 종종 혼용되지만 이 둘이 꼭 같은 것을 지칭하지는 않는다. 물론 '졸음'은 잠이 부족해서 오는 현상이다. 대부분의 사람들은 밤에 적어도 네 시간에서 다섯 시간은 자야 하지만 개인차가 심한 편이다. 개인의 습관이 많은 부분을 차지하고 단기간에 걸친 어느 정도의 수면 부족은 대부분이 잘 견딘다. 수면은 여러 단계를 거친다. 비교적 얕은 수면인 1단계와 2단계를 거쳐 깊은 수면인 3단계와 4단계로 진행한다. 이전 단계와는 다르게 5단계 수면은 렘REM수면이라 부르는 안구 운동이 빠르게 이루어지는 수면을 포함한다. 이 수면은 '역설적' 수면이라고도 알려져 있는데 뇌 활동 면에서는 렘수면이 아닐 때와 비교하면 깨어 있는 상태와 더 비슷하기 때문이다. 대부분의 꿈이 이 단계에서 생긴다. 이 수면 단계는 매일 밤 약 다섯 번 되풀이된다.

3단계와 4단계 수면이 부족하면 신체적으로 피곤하다는 느낌이 든다. 이 단계의 수면이 수면 부족으로 고생하는 사람들이 가장 원하는 유형의 수면이다. 렘수면이 부족할 경우 이를 보상하는 '리바운드' 효과(그래서 다음번 수면에서 더 많은 렘수면을 생성한다)를 만들어 낸다는 사실은 렘수면이 중요하다는 사실을 말해 준다. 그러나 실제로 렘수면 부족은 사람들을 짜증나게 하는 것 이상은 아닌 것으로 보인다.

수면의 양과 질이 졸음을 결정하는 중요한 요소이지만 개인의 24시간을 주기로 하는 신체 리듬도 중요한 역할을 한다. 대부분의 사람들은 하루에 가장 졸리다고 느끼는 최저점이 두 번 있다. 한 번은 새벽 세 시에서 네 시 사이, 다른 한 번은 점심을 먹은 후 오후 중간쯤이다. 이 두 최저점은 운전 시뮬레이터 실험에서 나타났으며 교통사고 통계에도 반영되어 있다.

'피로'는 훨씬 더 규정하기 어렵다. 수면과는 다르게 '피로'는 어떤 감지할 만한 생리적 변화와도 명확한 관련이 없는 것으로 보인다. 일반적으로 피로는 결과의 관점에서 규정할 수 있다. 다시 말해 일정 기간 동안 수행한 활동을 계속하기 싫어진다던가, 집중력이 없어지거나, 주관적 피곤과 불편감을 말한다. '의지를 갖고 노력'하면 잠깐이나마 피로 관련 능력 저하를 극복할 수 있다. 그러나 피로가 증가함에 따라 더 이상 노력을 하고 싶지 않은 마음도 증가한다. 실제로 어떤 것이 이 '노력'에 포함되는지는 분명하지 않다. 인지 과학자 해롤드 패슬러가 지적했듯이 생각으로 인해 증가하는 전두엽의 활동은, 수동적으로 사물을 보는 것으로 생기는 뇌 후두엽의 많은 활동량과 비교하면 매우 미미한 수준이다. 그러므로 문제 해결보다 TV 시청이 더 많은 에너지를 소모(그리고 더 피곤하다)한다!

피로가 운전에 어떻게 영향을 줄까

운전자의 운전 능력은 언제 운전하는지(자신의 일일 주기 안에서 어떤 시점에 활동하는지), 얼마나 오래 운전했는지(운전 지속 시간), 운전 시작 전 얼마나 피곤했는지(운전하기 전 얼마나 수면이나 휴식을 취했는지)의 영향을 받을 가능성이 있다. 티폴트와 버거론(2003)이 지적했듯이 이러한 것은 모두 운전자의 내적 상태와 관련한 '내부적' 요인이다. 운전 능력은 환경에서 오는 자극의 정도와 같은 '외적' 요인에 의해서도 영향을 받는다. 티폴트와 버거론은 이를 실험으로 증명했다. 참가자들은 자신들의 일일 주기 중 '점심 식사 후 최저점'에서 시뮬레이터 '운전' 기기로 40분간 2회에 걸쳐 운전 실험을 했다. 이 두 번의 실험에서 운전한 도로는 왕복 2차선 직선 고속 도로였다. 그러나 한 실험에서는 도로 양옆으로 소나무가 줄지어 서 있는 매우 예측 가능하고 단조로운 길이었다. 다른 실험에서는 도로 주변 환경이 더 다양해서 다리와 고가 도로를 건너고 도로 옆으로 사람, 나무, 집, 도로 표지판 등을 드문드문 만나게 설계되었다. 이 두 번의 실험에서 시간이 지남에 따라 운전 능력은 점차 떨어졌지만 환경이 단조로운 경우에 더 많이 떨어졌다.

운전자가 너무나 피곤해서 졸음운전을 하느라 차를 제어하지 못해 발생한 교통사고의 경우에는, 피로가 운전 행동에 미치는 영향이 매우 분명해 보인다. 그러나 피로의 영향 중 덜 극적인 것에는 무엇이 있을까? 현대의 이론에 의하면 각 개인은 융통성 있고 동적인 방식으로 다른 업무를 수행하도록 할당할 수 있는 자원이 제한되어 있다. 예를 들어 글린 하키의 '보상 제어' 이론에서는 사람들이 용인될 만한 수준을 유지하기 위해 자신의 행동과 시도를 관찰한다고 말한다. 필요하다면 다른 '보조' 업무를 희생하여 '주요' 업무에 집중하는 것이다. 그러므로 피곤한 운전자는 부수적 측면(미러를 활용하거나 방향 지시기 사용)에 자원을 할당하는 대신 운전의 주요 측면(차선 준수와 방해물 회피)에만 집중하게 될 수도 있다.

이러한 현상은 피로가 운전에 어떻게 영향을 주는지에 관한 실증적 연구로 뒷받침된다. 초기 단계에서는 점점 더 선택적 집중을 한다. 다시 말해 피곤한 운전자는 주위 환경보다 자신의 내적 상태에 집중하고 덜 중요한 업무 대신 가장 중요한 업무(차선 준수와 앞차와의 안전거리 준수 같은)에 집중하는 경향이 있다. 운전자의 예상에 따라 주위 환경에 대한 시각 샘플링이 이루어지고 시야각은 점점 더 좁아진다. 직관과는 반대로 피곤할 때에는 복잡한 업무에 대한 수행 능력은 유지되지만 단순 업무는 잘 못하게 되므로 주변 상황이 단순해 보이면 운전이 가장 심하게 영향을 받을 가능성이 있다.

피로 상태가 진행되어 가면서 운전자들은 약 0.5초에서 1.5초짜리 '마이크로 수면(깨어 있는 상태에서의 순간적인 잠—옮긴이 주)'을 경험하기 시작한다. 고속 도로에서 마이크로 수면 중에 차가 차선을 벗어나면 깜짝 놀란 운전자는 금방 잠에서 깨겠지만 다시 차를 제어할 기회는 얻지 못할 수도 있다. 곡선 도로로 접근하거나 마주 오는 차가 있는 2차선 도로에서는 마이크로 수면이 이보다 훨씬 더 불행한 결과를 가져올 수도 있다.

이쯤 되면 운전자들은 자신이 졸음운전을 하고 있다는 사실을 인식한다. 그러나 이런 상황에서도 종종 운전을 강행한다. 운전자들은 다양한 자극을 주는 전략(노래 부르기, 때리기, 또는 맑은 공기를 쐬려 창문 열기 등)을 구사하여 졸음을 쫓으려고 애쓴다. 혼과 레이너(1996)는 운전자들에게 10분에서 15분 정도의 낮잠과 150~200mg의 카페인을 공급하는 것이 가장 효과적 단기 대응책이라는 것을 발견했다. 그러나 이 단계쯤 되면 잠이 시작되는 것을 피할 수 없으므로 정말 안전한 단 한 가지 대책은 운전을 멈추는 것이다.

흥미롭지만 비교적 연구가 많이 이루어지지 않은 현상은 '고속 도로 최면' 또는 '집중 상태 없는 운전'이다. 운전자가 마치 '자율 주행' 모드처럼 자동적으로 운전하는 것이다. 이는 수면과 각성의 중간쯤 되는 상태로 보이는데 마이크로 수면이 시작되기 전 단계이다. 이는 운전자가 눈을 뜨고 자는 것과 거의 같은 상태이기 때문에 정말 위험하다.

약물

운전에 미치는 약물 영향 평가의 복잡성

특정 약물이 운전에 어떤 영향을 미치는지 정확히 파악하는 것은 매우 어렵다. 실험에 지원한 대학생들이 한번 복용한 약물의 급성 효과는 지속적 사용으로 인한 장기적 효과와 다를 수 있다. 습관적으로 약물을 사용하면 내성이 생길수 있고 (그 결과 1회 복용한 약물의 효과가 덜할 수 있다) 장기적손상으로 이어질 수도 있다. 영구적 인지 손상은 '크랙' 코카인, 메타돈, MDMA(일명 '엑스터시'), 알코올 사용자들에게 잘 나타난다. 윤리적 이유 때문에 많은 연구에서는 약물사용자 그룹과 비 사용자 그룹을 비교한다. 이로 인한 문제는 연구 결과에 나타난 운전 능력의 차이가 부분적으로는'코호트 효과'로 인한 것일 수 있다는 점이다. 다시 말해 약물 사용자와 비 사용자는 약물 외에도 성격, 위험 감수에대한 태도, 감각 추구, 일반적 건강 상태 등과 같은 많은 측면에서 차이가 날 수 있다.

정교하게 설계되고 세심하게 조절된 실험실 연구를 통

해서라면 매우 소량이라도 약물이 운전에 미치는 미묘한 효과까지 감지해 낼 수도 있다. 그러나 이러한 효과가 실제 운전 상황과 현실적인 관련성이 있는지 알고 싶다. 역학적 연구는 이러한 상황에 도움이 될 수 있지만 약물 효과 측정을 위한 신뢰할 만한 기준을 설정하기는 어렵다. 운전 중 약물 사용의 위험성을 평가하기 위해서는 사고를 낸 운전자가 얼마나 자주 약물을 복용한 상태에서 운전했는지를 파악하는 것으로는 충분치 않다. 오히려 얼마나 많은 운전자가 약물을 복용하고 운전했는데도 사고를 내지 않았는지를 알 필요가 있다. 한 가지 해결책은 사례 대조법을 사용하는 것이다. 사고를 낸 운전자들의 샘플을 사고를 내지 않은 운전자로 이루어진 비슷한 샘플과 비교하는 것이다. 전자 그룹에서 약물 복용이 더 흔하게 발견된다면 사고에 약물이 어떤 역할을 했다는 것을 의미한다. 이 기법을 변형한 '과실 책임 분석'에서는 사망하거나 부상을 당한 운전자들을 교통사고의 책임이 있는지 여부에 따라 분류한다. 그 후에 각 그룹에서 약물을 얼마나 많이 사용했는지를 평가한다.

약물은 직접적으로는 운전자의 인지 능력과 운동 능력

에 영향을 주고, 간접적으로는 기분에 영향을 주어 운전 능력을 손상시킬 수 있다. 예를 들어 코카인은 공격성을 높이는데 특히 알코올과 함께 복용했을 때 심각하다. 암페타민과 MDMA는 충동성을 높이는 것과 관련이 있다. 금단 증상을 보이는 중독자는 운전에 집중하지 못할 가능성이 있다.

실제 생활에서 사람들은 종종 한번에 한 가지 이상의 약물을 사용한다. 예를 들어 MDMA, 대마초, 코카인은 자주 알코올과 함께 사용된다. 대마초를 알코올과 함께 사용하면 상승효과를 일으키기 때문에 단독으로 사용했을 때보다 사고 위험이 현저히 높아진다는 많은 증거가 있다.

대마초와 알코올을 제외하면, 얼마나 최근에 약물을 사용했는지는 차치하고라도 운전자가 약물을 사용한 적이 있는지 여부도 확실히 확인하기 어렵다. 이러한 이유로 인해 특정 약물과 사고 위험과의 연관성을 평가하기는 힘들다. 한편으로는 운전자들 사이에 약물 사용이 만연하다는 사실이 과소평가되어 있을 수 있다. 많은 약물이 소변 검사로 감지되기 어렵다. 혈액 검사가 더 효과적이지만 중대 사고나 사망자를 낸 교통사고의 경우에만 실시된다. 코카인과 MDMA같은 각성제는 사용 후 열두 시간이 지나면 검출되지 않는다. 운전자들 사이에 약물 사용이 만연한다는 사실을 과소평가하면 약물에 취한 운전의 외면적 위험성을 과대평가하게 된다. (실제로 도로에는 약물을 사용하고도 사고를 내지 않고 운전하는 사람들이 우리가 생각하는 것보다 더 많기 때문이다.)

대마초의 경우 예전의 검사에서는 활성 성분인 테트라하이드로카나비놀THC과 비활성 대사물을 구분해 내지 못했다. 비활성 대사물은 약물의 향정신성 효과가 사라지고 나서 한참 후에야 검출 가능하다. 그러므로 '대마초-사용'이라고 결과가 나온 샘플에는 운전 당시에는 실제로 운전 능력이 저하되지 않은 사람들이 포함되어 있을 수 있기 때문에 대마초로 인한 사고 위험성을 과소평가할 수 있다.

마지막으로 불법적 약물 사용과 교통사고는 둘 다 매우 드물다. 그러므로 대부분의 연구는 사고를 낸 소수의 약물 복용 운전자만을 대상으로 이루어진다. 표본 크기가 이렇게 작을 경우에는 증가하는 사고에 대한 신뢰할 만한 증거를 찾기 어렵다.

약물이 운전 능력에 미치는 영향

지면의 제약으로 여기서는 운전에 영향을 주는 약물인 알코올, 대마초, 진정제 세 가지로 논의를 한정하겠다.

알코올

통계 분석에 의하면 알코올 섭취는 분명히 사고의 위험을 크게 높인다. 여러 실험 결과가 그 이유를 잘 설명해 주고 있다. 각종 술에 들어 있는 알코올의 유형은 중추 신경계에 총체적인 우울감을 생성한다. 알코올은 처음에는 행복감에 젖게 하는데 알코올이 뇌의 흥분 시냅스에 영향을 주기전에 먼저 억제 시냅스의 기능을 저하시키기 때문이다(억제 기능을 저하시키는 것은 실제로 흥분과 같다). 알코올 농도가 높아지면서 두 시냅스 모두 저하되고 행복감은 점진적으로 사라진다. 술을 과하게 마시면 명확한 사고 능력이 영향을 받고 판단 능력이 저하되며 기분이 불안정해진다.

　알코올은 취하고 나서 몇 분 이내에 중추 신경계에 영향을 미친다. 알코올이 더 이상 들어오지 않으면 한 시간 이내에 혈중 알코올 농도가 최고점에 이르고, 이후 지속적으로 줄어들기 시작한다. 많은 약물의 경우, 간에서의 대사율은 혈중 약물 농도에 의해 좌우되는데 다시 말해 농도가 높을수록 더 빨리 대사된다. 그러나 알코올은 대체로 혈중 알코올 농도와 관계없이 일정한 속도로 느리게 분해되기 때문에 섭취한 양과 무관하다. 혈중 알코올 농도는 다양한 방식으로 표시될 수 있다. 영국에서는 혈액 100ml당 알코올의 무게(mg/100ml)로 측정되어, 영국의 음주 운전 법적 한도는 80mg/100ml이다. 혈중 알코올 비율(무게)의 관점에서 보면 80mg/100ml는 혈중 알코올 농도 0.08%이고, 100mg/100ml은 0.1%에 해당한다.

알코올은 운전 능력의 모든 측면에 영향을 주지만 섭취량에 따라 그 정도가 달라진다. 알코올은 판단 능력을 저하시켜 음주 운전자는 자신의 능력을 과대평가하게 된다. 술을 마시지 않은 운전자라면 너무 위험하다고 여겨서 하지 않을 추월과 곡선 주행 시 과속을 시도할 수도 있다. 음주 운전 시에는 평소보다 더 과속하는 경향이 있다.

인식 수준도 영향을 받는다. 많이 마실 경우, 알코올이 시력 저하를 가져오기도 하지만 주의력은 시력이 저하되기 훨씬 전부터 영향을 받는다. 음주 운전자는 인지 능력이 저하되어 운전에 필요한 많은 작업을 수행하기 어렵다. 이를 보상하기 위해 다른 작업은 포기하고 어느 특정 작업을 주된 작업으로 선택할 수 있다. 핸들 조작과 차량 제어의 다른 측면들에만 집중하게 될 수 있는데, 첫째로 이들 작업이 운전에 가장 시급하게 필요한 것이기 때문이다. 둘째로 음주 운전자는 경찰의 단속을 피하고 싶어 하기 때문이다. 그 결과 주변 환경에 대한 주의 집중이 저하된다. (그러므로 사고 위협과 위험이 예상된다.)

운동 능력 측면에서는 핸들 조작 같이 상대적으로 자동화된 행동도 알코올로 인해 저하되지만 좀 더 '고차원적' 처리 과정만큼 저하되지는 않는다(적어도 운전자가 심각하게 취하기 전까지는). 아마도 이러한 이유로 인해 음주 운전자가 자신이 운전할 수 있다는 착각이 강화되는 것으로 보인다.

수많은 순수 및 응용 연구 보고서들(예를 들면 모스코비츠와 피오렌티노, 2000)이 비슷한 결론을 내리고 있다. "자동적" 행동(단순한 추적과 반응 시간 측정 같은 의식적 정신 활동이 거의 필요하지 않을 정도로 너무 많이 학습된 업무)은 혈중 알코올 농도가 0.05%에 도달하기 이전에는 상대적으로 알코올의 영향을 덜 받는다. 그러나 '통제된' 행동(어려운 추적, 주의를 분산해야 하는 작업, 정보 처리 등 같은 정신적 부담이 더 큰 업무)은 훨씬 더 낮은 혈중 알코올 농도, 즉 0.01% 이하에서도 영향을 받는다. 실제 운전과 비행기 조종에서 알코올의 효과에 관한 가장 적합한 검사를 실제 상황과 시뮬레이터에서 시행했다. 이러한 유형의 검사 25건을 검토한 후 모스코비츠와 피오렌티노는 거의 모든 연구 결과 낮은 농도의 알코올에 의해서도 능력이 저하된다고 발표했다.

또한 알코올은 졸음을 유발한다. 모스코비츠와 피오렌티노는 각성 상태가 0.01%의 낮은 혈중 알코올 농도에 의해서도 영향을 받는다는 것을 발견했다. 음주 운전자들은 밤늦게 운전할 가능성이 있으므로 피로할 가능성도 높다. 영국 로우보로우 수면 연구 센터의 짐 혼 외 연구진은 알코올이 운전자의 일일 주기 리듬에 어떻게 영향을 주는지를 살펴보는 실험을 여러 차례 수행했다. 다른 시간보다 가장 졸음이 올 때(새벽 4~6시까지와 오후 2~4시까지) 알코올이 약 두 배 정도의 효과를 내는 것으로 나타났다. 오후에 마신다면 아무리 적은 양이라도 운전 능력을 위험할 정도로 저하시킨다. 혼 외 연구진은 오후에 몸 상태가 저조할수록 이 시간에 마시는 알코올의 효과는 더 강해진다고 말한다.

한 연구에서 영국 법적 허용치의 절반에 해당하는 양의 알코올을 섭취하게 한 후 시뮬레이터로 젊은 남성 운전자의 운전 능력을 검사했다. 알코올과 수면 부족이 각각 운전 능력을 어느 정도 저하시키지만 이 두 가지가 결합되면 차선 침범의 정도가 심각하게 높아졌다. 흥미로운 것은 알코올이 졸음을 악화시키는 효과가 참가자의 뇌파 검사 결과에는 분명히 나타났지만 운전자의 주관적 졸음 평가에서는 나타나지 않았다. 이는 운전자들이 알코올이 졸음의 정도를 위험한 수준까지 높인다는 사실을 미처 깨닫지 못하고 있다는 것을 말해 준다.

모스코비츠와 피오렌티노는 혈중 알코올 농도 0에서 조금이라도 높아지면 운전 관련 능력이 일정 수준 저하한다는 강력한 증거가 있다고 결론 내렸다. 그들이 검토한 대부분의 연구에서 혈중 알코올 농도가 0.05%일 때 알코올 관련 일부 운전 능력 저하가 나타났다. 혈중 알코올 농도 0.08%가 되면 94%의 연구에서 운전 능력 저하가 나타났다. 이들 연구에서 검사한 거의 모든 참가자가 혈중 알코올 농도 0.08%가 되면 중요한 운전 능력이 저하된 것으로 나타났다. 바로 이 0.08%가 미국과 다른 여러 나라의 음주 운전 단속 기준이다. 그러나 전반적으로 혈중 알코올 농도가 증가함에 따라 운전 능력이 지속적으로 저하되는 것은 분명하다. 알코올의 경우 어떤 기준 아래로는 저하되지 않고 그 이상이면 영향을 받는 '임계치'라는 것은 없다.

모스코비츠와 피오렌티노는 자신들의 연구 보고서에 운전자의 감정, 동기, 판단은 포함되지 않았지만 이들 또한 운전의 중요한 측면이라고 지적했다.

그렇다면, 음주 운전 허용치는 얼마가 되어야 할까?

1967년 영국 도로 안전법에서는 음주 운전의 법적 허용 기준을 혈액 100ml당 알코올 80mg(혈중 알코올 농도 0.08%)으로 규정했으며 이 기준이 아직도 적용되고 있다. (스코틀랜드 제외. 스코틀랜드에서는 2014년 0.05%로 낮춰졌다.) 대부분의 유럽 국가에서는 0.08이나 0.05%로 정하고 있다. 미국의 주에서는 대부분의 주가 0.10%이고 소수에서는 0.08%로 정해져 있다. 일부 주에서는 청소년이나 직업 운전자에게는 더 낮은 기준을 적용하거나 아예 금지하고 있다.

이러한 소위 '그 자체가 위법'인 법은 취한 상태를 온전히 혈중 알코올 농도라는 관점에서 규정한다. 이로 인해 음주 운전자들을 기소하기가 훨씬 쉬워지는데, 기소할 때 운전자 행동 저하에 관한 설득력 있는 증거를 제시할 필요가 없기 때문이다. 애석하게도 법적 음주 운전 기준은 혈중 알코올 농도가 어느 선 이상이면 운전 능력이 저하되고 그 이하면 괜찮은 어떤 한계치가 있다는 잘못된 인상을 준다. 또한 혈류 내 알코올 흡수율에 개인마다 큰 차이가 있고 주관적 효과의 심한 정도가 다 다를 수 있다는 점을 참작하지 않는다. 그 결과, 일부 운전자들은 혈중 알코올 농도 0.08에 이르기 훨씬 전에도 위험할 정도로 운전 능력이 저하될 수 있다. 실제로 법적 기준은 매우 임의적이다. 알코올이 운전에 미치는 영향은 섭취량에 의해 결정되며 섭취량 증가에 따라 사고율이 가파르게 상승한다.

연구를 광범위하게 검토한 끝에 킬로란, 커닝, 도일, 셰파드(2010)는 아무리 적은 양의 음주라도 사고 위험을 높인다고 결론 내렸다. 혈중 알코올 농도가 0.02~0.05%인 운전자들은 술을 마시지 않은 운전자에 비해 치명적 교통사고를 낼 위험이 세 배 증가했다. 혈중 알코올 농도가 0.05~0.08%일 때는 사고 위험이 여섯 배로 늘어났으며, 0.08~0.10%에서는 열한 배 더 높아질 가능성이 있었다.

킬로란과 동료 연구진은 혈중 알코올 농도를 0.05%로 제한하면 사고율이 눈에 띄게 줄고 지속적인 효과가 있다는 것이 이미 이 기준을 시행한 여러 나라에서 나타났으며, 이러한 변화가 특히 젊은 운전자들의 사고율을 낮추는 데 효과적이었다고 결론지었다. 또한 이들은 영국과 웨일스에서 혈중 알코올 농도를 0.05%로 낮추면 매년 사망자 168명, 부상자 1만 5832명을 구할 수 있을 것이라고 조심스럽게 추산했다.

대마초

대마초는 미국, 호주, 대부분의 유럽 국가에서 교통사고에 연루된 운전자들의 혈액 내에서 알코올 다음으로 가장 흔하게 검출되는 약물이다. 다른 불법적 약물과 달리 대마초는 널리 사용되고, 대마초가 행동에 미치는 영향에 대한 수많은 연구에서 비교적 무해하다고 알려져 있다. 또한 대마초를 사용한 운전자에 대한 위험성을 평가하기 위해 교통사고 통계를 활용하려는 시도도 있었다. 그러나 앞서 언급한대로 운전 당시 대마초를 사용하고 얼마나 경과했는지를 명확히 알 수 없기 때문에 이것 또한 복잡한 문제이다.

대마초는 운전자의 심리에 어떤 영향을 끼칠까?

대마초의 유효 성분은 테트라하이드로카나비놀THC이다. THC는 피우고 나서 몇 분 이내에 효과를 내기 시작하여 10~30분 사이에 최고 혈중 농도에 이른다. 그 이상으로 피우지 않으면 효과는 두세 시간보다 더 오래 지속되지 않는다. THC는 체외로 배설되기 전 간에서 덜 활성화된 물질로 완전히 대사되고, 이 잔여 대사물은 심각한 사용자의 경우 마지막으로 피운 후 약 한 달 동안 검출 가능하다. 저용량 내지 중간 정도의 용량으로 사용하면 THC는 알코올과 벤조디아제핀 비슷한, 약한 안정 및 최면 효과를 낸다. 그러나 알코올과 벤조디아제핀과 다르게 THC를 더 높은 용량으로 사용하면 약한 LSD와 비슷하게 행복감, 환각, 감각이 고조되는 현상을 경험하게 된다. 대마초 사용자(와 실험 참가자!)에게 문제가 되는 것은 흡수된 THC의 양이 대마초 자체의 함량뿐 아니라 어떻게 피웠는지(사용 빈도와 흡입 강도)에도 크게 좌우되기 때문에 동량을 사용해도 효과에는 광범위한 개인차가 나타난다는 점이다.

대마초 효과에 관한 여러 실험 및 역학적 연구

대마초가 운전에 미치는 영향에 관한 실험은 한결같이 THC가 인지, 정신-운동 수행 능력, 실제 운전 능력을 저하시킨다는 결과를 보여 주고 있으며 그 영향은 용량에 따라 달라졌다. 즉 사용량이 많을수록 수행 능력은 나빠졌다. THC는 특히 일부 측면을 저하시켰는데 도로 추적 같이 고도로 자동화된 행동은 의식적 통제를 필요로 하는 더 복잡한 운전 업무보다 THC의 영향을 더 크게 받는 것으로 보였다.

흥미로운 것은 대마초가 실험실에서는 눈에 띌 정도로 인지 및 운동 저하를 초래했지만 대마초 사용이 교통사고 위험의 증가와 관련 있다는 증거는 더 적었다는 점이다. 이에 관해 한 가지 가능한 설명을 하면, 대마초가 운전 능력에 영향을 주지만 알코올과는 좀 다르기 때문이라 할 수 있다. 음주 운전자들과 다르게 대마초를 사용한 운전자들은 자신의 능력이 저하되었다는 것을 인지하고 있어 조심스럽게 서행함으로써 보완한다. 그러나 대마초는 시뮬레이션 운전에서 '2차적' 업무에 느린 반응 시간을 보이는데, 이는 대마초 관련 충돌 사고에서 주의 산만함이 중요한 사고 요인이라는 것을 말해 준다.

그러나 앞에서 언급한 것처럼 대마초 대사물의 오랜 체내 잔류 시간을 감안할 때 많은 연구에서 대마초가 운전에 미치는 영향을 찾아내지 못한 이유는 연구진이 대마초에 양성 반응을 보인 운전자들을 실험에 포함했지만 그들이 사고 당시 직접적인 약물의 영향하에 있지 않았기 때문이다. 드러머(2004) 외 연구진은 호주의 사망자를 낸 교통사고 가해 운전자를 대상으로 10년에 걸친 교통사고 책임 소재 연구의 결과를 발표했다. 알코올과 대마초 사용자(혈액 검사 표본에서 THC 농도가 일정 수준 이상 나타남)는 사고 가해자일 확률이 더 높았으며 사용량과 반응 사이에 밀접한 관계가 있다는 증거가 있다. 다시 말해 이들이 알코올이나 대마초를 많이 사용할수록 사고를 낼 가능성이 높았다.

드러머 외 공동 연구진은 THC 농도가 밀리미터당 0.5나노그램(ng/ml) 이상 운전자는 사고 시 혈중 알코올 농도 0.15%의 음주 운전자와 비슷한 가해 책임 비율을 나타낸다는 것을 발견했다. 대마초는 운전 능력에 심각한 영향을 주었지만 혈중 농도가 5ng/ml 수준인 비교적 짧은 기간 동안만 영향을 미쳤다. 라메이커스 외 연구진(2004)은 역학 연구 보고서에서 비슷한 결론을 이끌어 냈다. 또 대마초를 최근 사용했음을 확인한(불활성화 대사물 측정 방식이 아닌 혈액 내 THC 농도 직접 측정 방식으로) 사람들을 대상으로 이루어진 소수의 연구 결과는 사고를 낸 대마초 사용자들이 사고의 가해자일 가능성이 3~7배까지 높다는 점을 분명히 보여 준다고 말했다.

그러므로 대마초 사용과 교통사고 가능성의 연관성은 대부분의 역학 보고서에 나타나는 것보다 훨씬 더 밀접할 것이다. 이러한 위험도 상승은 일부분 대마초의 약리학적 효과에 의해서가 아니라 일반적으로 대마초 사용자의 무모한 운전 스타일에서 기인한다고 알려졌다. 대마초 사용자의 성격 특징이 확실히 어떤 역할을 할 수 있기는 하지만 이러한 성격 특징이 사고 증가의 주요 원인인지에 대해서는 의구심을 가질 이유가 있다. 한 가지 이유를 들면, 충동성과 무모함이 대마초 사용과 위험 운전 둘 다에 대한 소인이라면 실제로 나타난 것보다 과거의 대마초 사용과 교통사고가 더 밀접한 연관성이 있어야 한다. 성격 특성은 보통 시간이 지나도 변하지 않는 경향이 있으므로 어떤 사람이 과거에 대마초를 사용할 정도로 충동적이었다면 현재에도 충동적이어야 한다(그러므로 사고의 위험이 여전하다).
그러나 현재 얻을 수 있는 증거에 의하면 최근에 사용한
대마초만이 사고와 연관되어 있으므로 사고 위험 증가의
원인을 약물의 영향 자체로 돌리는 것이 타당하다.

신경 안정제

신경 안정제 역시 운전 능력을 저하시킨다. 바비튜레이트
의 심리적 효과는 일반적으로 알코올과 비슷해서 약의 농
도에 따라 행복감에서 졸음까지 다양하다. 알코올의 경우
와 같이 바비튜레이트도 복용자의 기분이 중요하기 때문
에 환경에 따라 공격성 또는 우울감을 조성할 수 있다. 눈
에 띌 만큼 약효가 나타나기 훨씬 전부터 운전자의 판단력
이 저하된다. 여러 실험실 상황 연구에 따르면 벤조디아제
핀(진정, 수면, 항불안, 항경련 작용 및 근육 이완을 일으키는 향정신
성 약물. 1960년대부터 '바리움'이라는 상표로 시판되다가 1980년대
들어 중독성과 신경 독성이 알려지면서 무분별한 처방이 줄어들었
다—옮긴이 주)은 반응이 늦어지게 만들고, 목표물 감지 능
력을 낮추며, 운동 조절이나 협응을 포함한 업무 능력을 저
하시키고, 실제 운전과 시뮬레이션 운전 모두를 저해한다.

벤조디아제핀의 일부 약효는 매우 오래 지속되어 저녁에 벤조디아제핀을 진정제로 사용하는 사람들은 다음 날 출근길 운전에서도 약물의 영향을 받을 수 있다.

빈질리스와 맥도널드(2003)는 벤조디아제핀이 운전에 미치는 영향을 검토한 후 벤조디아제핀이 사고 위험을 증가시킨다는 역학적, 실험적 증거가 있다고 결론지었다. 벤조디아제핀을 복용하는 운전자들은 비 사용자보다 사고 위험이 약 여섯 배가량 더 높아지는 것으로 나타났고, 그 위험은 사용된 벤조디아제핀의 유형에 따라 차이가 있었다.

신경 안정제의 효과에 대한 평가는 대부분의 연구에서 건강하고 젊은 지원자를 대상으로 약물의 급성 효과를 측정하기 때문에 복잡해진다. 다시 말해 약물을 장기 사용하면 내성이 생기므로 이들 연구는 장기 복용자들의 능력 저하 정도를 과대평가했을 수 있다. 중요한 것은 바비튜레이트와 벤조디아제핀 계열의 여러 진정제의 약효는 알코올과 함께 복용했을 때 급격히 나빠질 수 있다는 점이다. 또한 소량의 알코올과 소량의 바비튜레이트를 함께 사용하면 개인이 두 약물의 효과를 따로 생각하여 예상한 것보다 훨씬 더 심각한 효과가 나타날 수 있다.

결론

피로와 알코올은 치명적 교통사고의 가장 큰 양대 원인이다. 피로 관련 교통사고가 얼마나 만연한지 정확히 추산하기는 어렵지만 피곤한 상태에서 운전하는 관행이 널리 퍼져 있는 것이 지금의 현실이다. 이는 직접적으로(졸음운전을 하게 되거나 차량을 통제하지 못하게 되어), 또는 간접적으로(운전자를 깨어 있는 데 집중하게 만들어 주변 상황에 덜 집중하게 만들어서) 사고로 이어질 수 있다.

피로가 어떻게 발생하는지에 관해 단언할 수 없는 이유는 피로가 운전자의 내적 상태(일일 주기 신체 리듬과 최근 얼마나 숙면을 취했는지), 하루 중 운전 시점, 운전 내내 얼마나 지루했는지 같은 외적 요인을 포함한 여러 다른 요소의 상호 작용에 따라 좌우되기 때문이다. 운전자들에게 자신이 피곤하다는 것을 일깨워 주는 경보 시스템을 생산하려는 시도가 여러 차례 있었다. 이러한 시도는 성공적이지 못했는데 주요 원인은 차선 준수 정확도, 눈 깜박임 횟수, 눈 깜박임 지속 시간 같은 객관적 측정치가 운전자의 내적 상태와 거의 상관관계가 없기 때문이다. 어떤 경우라도 이러한 노선의 연구는 잘못된 구상으로 보이며, 일반적으로 운전자는 자신이 피곤한지 아닌지를 안다. 문제는 운전자들이 피로를 극복할 수 있는 정도를 스스로 과대평가하는 것이다. 진정한 문제는 피곤하면 운전을 멈추도록 운전자를 어떻게 설득하는가이다. 이는 직업 운전자들의 경우 특히 어려운데 업무상 피곤하다고 운전을 멈추고 휴식을 취할 수 없기 때문이다.

약물에 관해 살펴보면, 널리 사용되고 운전에 광범위한 영향을 미치는 알코올 사용이 도로 안전에 단연 가장 큰 위협이다. 다시 말해 알코올은 인지 및 운동 능력을 저하시킬 뿐 아니라 운전자의 판단 능력에 영향을 주고 위험 감수 성향을 높인다. 위험 감수 성향이 높아지는 것은 특히 우려할 일이다. 이는 알코올 남용이 젊은 남성 운전자들에서 더 흔한데다 이들은 이미 훨씬 더 위험하게 운전하고 있기 때문이다. 알코올이 교통사고의 주요 원인인 것은 명확하다. 적정량의 음주로도 한결같이 교통사고 위험이 유의미하게 높아지며(영국과 웨일스의 법적 허용치인 0.08%보다 한참 낮을 때도), 높은 혈중 알코올 농도가 충돌 사고 위험을 크게 높인다는 점이 여러 역학적 연구를 통해 지속적으로 확인된다.

　다른 약물과 관련한 위험을 정확히 평가하기는 어렵다. 이는 부분적으로 다른 여러 약물의 오남용이 알코올만큼 만연하지 않기 때문이기도 하다. 또한 이러한 약물들이 알코올과 함께 사용되기 때문에 기능 저하의 일부 원인이 알코올에 있다는 복잡성도 있다. 그러나 대마초를 포함한 대부분의 불법 약물이 사고 위험을 높이고 눈에 띌 만한 운전 능력 저하를 가져온다고 말하는 것이 안전하다.

　그러나 운전에 영향을 미치는 것이 비단 불법 약물만은 아니다. 많은 의사 처방 약과 처방전 없이 구매 가능한 약도 알코올과 함께 복용하면 기능 저하를 초래한다. 약물 복용 상태의 운전을 검토하기 위해 미국 고속 도로 교통 안전국 National Highway Traffic Safety Administration, NHTSA이 소집한 여러 관련 학문 전문가 패널 컨벤션(케이와 로건, 2011)에서는 많은 합법적 약물도 운전에 영향을 미칠 가능성이 있지만 그 효과가 제대로 인식되어 있지 않다고 결론 내렸다. 전문가 패널들은 운전과 관련하여 약물의 안전성을 평가하기 위해 체계적 절차를 수립할 필요가 있다고 강조했다. 이러한 절차는 이미 알려진 약물의 생리학적 효과, 역학적 자료,

운전 관련 행동의 측면에 대한 표준화된 평가(민첩성, 주의력, 도로 주행 기능에 관한 평가)를 바탕으로 만들어질 수 있다.

마지막으로 어떻게 피로와 약물이 운전에 영향을 주는지에 관해 운전자들을 더 제대로 교육할 필요가 절실하다. 많은 젊은 운전자들은 알코올의 위험에 관해서는 알고 있지만 대마초의 위험에 관해서는 심각할 정도로 과소평가한다. 각종 술의 알코올 '단위unit(우리 몸이 한 시간 동안 분해할 수 있는 알코올 함량을 1알코올 단위라고 한다―옮긴이 주)'가 어떻게 되는지에 대해서는 대부분 거의 알지도 못한다. 영국 음주 운전 관련 법규에서는 (신경 안정제 같은) 여러 흔한 처방 약에 관한 법적 '허용 한계치'에 대해서도 정해 놓았지만, 이러한 한계치가 문제되는 약의 처방 용량의 어느 정도에 해당하는지에 관해서는 거의 지침이 없다.

07
미래의 운전

2016년 5월, 조슈아 브라운은 테슬라 S모델을 타고 가다 전방에서 좌회전하고 있던 화물 트럭의 옆을 시속 74마일로 들이받고 사망했다. 사고 조사 결과 브라운이 반응할 수 있었던 시간은 약 10초 정도로 추정되었지만 브라운도 테슬라 S모델의 반半 자율 주행 시스템도 충돌을 피하기 위한 어떤 시도도 하지 않은 것으로 밝혀졌다. 속도, 차선 지정, 브레이크를 조절하는 시스템이 하늘을 배경으로 삼아 달려오던 트럭의 흰색 옆면을 구분해 내지 못한 것으로 보인다. 브라운은 너무 오래 핸들을 잡지 않아 여섯 번이나 경고음이 울렸음에도 전체 주행 시간 37분 동안 총 25초 밖에 핸들을 잡지 않았다.

미국 국립 교통 안전국은 자율 주행 시스템의 '조작상' 한계가 충돌 사고에 주된 역할을 했다고 결론지었다. 브라운은 운전에 주의를 기울이지 않고 자율 주행 시스템의 능력을 과도하게 믿은 잘못이 있다고 분석된 반면 테슬라는 시스템을 오용되기 너무 쉽게 디자인한 것에 대해 비난을 받았다. 이 자율 주행 시스템은 운전자가 제대로 주의를 기울이도록 충분한 조치를 취하지 않았다. 운전자가 고속으로 주행하고 애초에 자율 주행을 위해 설계된 도로(고속 도로나 진입이 제한되도록 설정된 도로)가 아닌 도로에서 오래 전방을 주시하지 않았는데도 이를 허용했다. 또한 자율 주행 시스템은 브라운 앞에 있던 트럭 같은 교차 교통수단을 제대로 감지해 내지 못했다.

조슈아 브라운의 사고는 현재 자동차 기술의 발전으로 인해 제기된 많은 문제를 여실히 보여 준다. 앞으로 몇 년간은 자동차 산업뿐 아니라 사회 전반적으로 흥미롭지만 힘든 시간이 될 전망이다. 이는 현재 우리가 '무인' 자동차 시대로 진행해 가면서 일어나고 있는 기술적 변화가 커다란 사회적 결과를 가져올 가능성이 있기 때문이다. 이동하는데 질병, 장애, 나이가 아무런 장애가 되지 않고, 로봇 자동차가 상품과 서비스를 생산자에게서 고객에게 직접 전달하고, 사고의 주 원인인 인간의 실수가 제거되어 교통사고율이 현재 수준에서 아주 낮은 수준까지 줄어든 세상을 상상해 보자. 우리가 진정한 이상향으로 향해 가고 있는 것처럼 보인다. 그러나 기술적 변화는 혜택과 더불어 해결해야 할 많은 문제를 수반한다. 그러므로 이번 장에서는 운전자-보조 시스템과 '무인' 자동차의 발전을 둘러싼 몇몇 문제들에 관해 논의해 보려 한다.

'무인 자동차'의 여러 단계
——

논의를 시작하기 앞서 우리가 무엇에 관해 이야기하고 있는지 분명히 해 둘 필요가 있다. '무인' 자동차라는 용어가 운전자-보조 시스템에서 완전한 무인 자동차에 이르기까지 다양한 범위의 시스템에 사용되어 왔기 때문이다. 미국 자동차 공학회The Society of Automotive Engineers는 여섯 단계로 구분되는 유용한 분류 체계인 SAEJ3016을 고안했다.

대부분의 기존 자동차는 0 또는 1단계에 속한다. 이 단계에서는 운전자가 운전을 전적으로 또는 부분적으로 수행한다. 0단계에서는 운전자가 자동차를 100% 제어한다. 1단계에서는 자동차에 '운전자-보조' 장치가 장착되어 있지만, 자동차가 특수한 기능만을 담당한다(속도, 브레이크 또는 핸들 조작). 1단계의 특성은 현재 대량으로 시장에 선보이고 있다. 적응형 순항 제어 시스템은 차량의 속도를 조정하는 기존 순항 제어 시스템과 달리 지속적인 목표 속도를 유지하는데, 예를 들어 앞차와의 안전거리를 확보하기 위해 속도를 늦추었다가 앞차가 사라지면 목표 속도로 되돌아간다. 자율 비상 브레이크 시스템은 운전자에게 경고를 보낸 후 전방 장애물과의 충돌을 피하기 위해 자동으로 브레이크를 잡는다. 자동 차선 유지 시스템은 차선을 감지하고 차량이 차선 내에서 주행하도록 확인한다.

2단계 자동차는 '부분 자동 운전'을 채택하고 있는데 현재 상용화 과정에 있다. 이 단계에서는 차량이 속도와 핸들 모두를 제어하지만 운전자가 운전에 필요한 나머지 작업을 담당하고 수행하고 있는 작업 전반을 시스템이 감독한다. 현재 볼보, BMW, 벤츠 3사 모두 이 시스템을 상용화했으나 테슬라의 자율 주행 시스템인 '오토파일럿'만큼 정교하지는 않다.

3~5단계에서는 자동차가 운전의 모든 것을 담당한다. '조건적 자동 운전'인 3단계에서는 차량이 스스로 운전하지만 시스템이 잘못되거나 해당 운전 조건에 대처하지 못하면 운전자가 즉각 개입하도록 되어 있다. 볼보나 포드를 비롯한 많은 자동차 제조사들은 3단계를 전면 생략하기로 했다고 밝히고 있는데, 운전자들이 시스템에 과도하게 의존하여 운행을 적정 수준으로 감시하지 않을 가능성이 있기 때문이다.

'무인 차량'이라는 용어는 4단계와 5단계 차량에만 사용되는데 이 단계에서 운전자는 그저 승객일 뿐이다. (아니면 아예 승차하지도 않는다.) 이 단계에서는 시스템이 제대로 대처하지 못하는 경우라 할지라도 차에 타고 있는 사람이 개입하지 못하고 차량 스스로 서행하여 목적지로 가거나 안전한 장소에 정차하여 '최소 위험 상황'을 조성해야 한다. 4단계는 '고도의 운전 자동화'이고 5단계는 '완전 운전 자동화'이다. 이 두 단계의 주요 차이점은 4단계 차량이 특수한 환경 내에서만 운행하도록 되어 있는 반면(예를 들면 적절한 GPS 범위 내, 명확한 차선 표시 도로 등), 5단계 차량은 좀 더 다양한 능력을 갖춰 사람의 통제하에 어떤 지역이라도 운행할 수 있다(예를 들면 고비 사막 횡단).

본질적으로 우리는 여기에서 두 가지 질적으로 다른 업무를 해야 할 필요가 있다. 1단계에서 3단계 차량은 운전자를 다양한 범위의 차량 제어에서 해방시키지만 운전자는 상황을 감시하고, 이론상으로는 무엇이 잘못되면 언제라도 뛰어들 준비가 되어 있어야 한다. 그러나 4단계와 5단계는 매우 달라서 운전자는 로봇 택시의 승객에 지나지 않고 운전자에게 요구되는 단 한 가지는 어떤 교통 상황을 만나든 차량이 제대로 대처할 수 있다는 믿음을 갖는 것이다.

'반 자율' 차량의 문제점

———

브라운이 운전했던 테슬라 같은 반 자율 차량(1~3단계)은 운전자에게서 운전에 필요한 대부분의 '작동 수준'의 요구 사항을 덜어 주기 위해 '운전자-보조' 시스템을 사용한다.

운전자는 가속, 브레이크, 핸들 조작에 거의 또는 전혀 신경 쓸 필요가 없다. 완벽하게 작동한다는 가정 아래서 이 시스템은 운전을 쉽고, 정신적으로 덜 부담되고, 덜 피로하게 만든다. 그러나 불행하게도 심리학 연구에 따르면 '운전자-보조' 시스템은 해결하는 문제보다 더 많은 문제를 초래할 가능성이 있다.

수십 년 동안 사우스햄튼 대학의 네빌 스텐턴 외 동료 연구진을 비롯한 인적 요인 전문가들은 운전자-보조 시스템의 잠재적 위험성에 주목했다. 연구진은 반 자동 시스템은 운전자의 업무 특성을 적극 개입 조작에서 차량 상태 관찰이라는 수동적 행위로 근본적으로 변화시킨다고 지적했다. 이 시스템의 설계자들은 운전자들이 시스템의 업무 수행을 끊임없이 관찰하고, 필요하면 바로 통제를 재개할 만반의 준비가 되어 있을 것이라 기대했다. 그러나 이러한 기대는 매우 비현실적이다. 일단 끊임없이 감시해야 한다면 자동화의 의미가 거의 없다. 그리고 무언가 잘못되는 경우를 대비해 줄곧 도로에 신경을 쓰고 있어야 한다면 직접 운전하는 것과 무슨 차이가 있을까? 인간은 이러한 감시 업무에 매우 취약한 것이 현실이다. 인간이 집중하는 게 가능한 시간은 무척 제한적이고(일반적 운전 시간에 필요한 감시 시간과는 다른 20분 내외에 불과하다) 쉽게 주의가 흐트러진다. 게다가 우리는 얼마나 많은 운전자들이 운전 중 휴대폰 사용이나 문자 전송처럼 다른 작업을 함으로써 운전하느라 '낭비하는' 시간을 보충할 수 있다고 착각하는지 익히 살펴보았다(2장). 반 자율 자동차에서는 많은 운전자들이 전화, 신문, DVD 플레이어 등 같은 차량 내 주의를 분산시키는 것들에 심각하게 유혹을 받을 것이다. 주의 산만함 정도가 아니라 아예 잠이 들 수도 있다. 심지어 양심적인 운전자라 하더라도 외부에서 일어나고 있는 것과 차량의 시스템 상태로 인해 상황 인식의 감을 잃을 수도 있다.

반 자율 차량 도입을 찬성하는 측의 주요 주장은 반 자율 차량이 운전자의 정보 처리 부담을 줄여 준다는 것이다. 이러한 주장 자체도 논란의 여지가 있다. 위험이 있는지 환경을 감시하는 것뿐 아니라 자동화된 시스템도 감시해야 한다면 실제로 운전자의 부담이 증가될 수 있기 때문이다. 정보 처리에 관한 연구는 정보 처리량이 가용한 정신 자원을 초과할 때 정신적 '과부하'가 어떻게 수행 능력을 저하시키는지에 초점을 맞춘 경향이 있다. 그러나 정신적 저부하도 과부하와 마찬가지로 바람직하지 않다. '가변적 주의 자원 이론malleable attentional resources theory, MART(영과 스텐턴, 2002)'에 의하면 정보 처리 자원은 실제로 필요가 없는 경우 그에 대응하여 실제로 축소된다. 반 자율 자동차에서 운전자는 정신적 저부하 상태가 될 것이다. 응급 상황에서 운전자는 정보 처리 자원을 급격히 증가시켜야 할 필요에 직면하는데 이때는 이들 시스템에 의해 '도움을' 받지 않을 때보다 훨씬 더 적은 자원만 얻을 수 있다.

가변적 주의 자원 이론은 여러 시뮬레이터 실험으로 뒷받침되었다. 이 실험에서 자동화된 시스템이 예기치 않게 작동하지 않게 되었을 때 운전자가 다시 통제를 해야 하는 경우 무슨 일이 일어나는지를 살펴보았다. 20년 전에 이미 스텐턴 외 연구진은 이러한 상황에서 운전자들이 효과적으로 대처하지 못할 것이라고 밝혔다. 적응형 순항 제어 시스템이 갑자기 속도를 줄인 앞차에 대응하지 못했을 때 실험 참가자 중 3분의 1은 충돌을 피하지 못했다.

에릭슨과 스텐턴(2017b)은 다양한 조건하에서 운전자들의 반응 시간을 살펴보았다. 0단계에서 운전자들은 교통 상황에서 일어난 갑작스런 사건에 대응하는 데 1초가 걸렸다. 적응형 순항 제어 시스템과 핸들 조작 보조 장치를 갖춘 운전자들은 갑작스런 자동 시스템의 고장에 반응하는데 1.1초에서 1.5초가 걸렸다. 고도로 자동화된 차량(브라운이 운전하던 테슬라 S모델처럼)은 비상시 수동으로 전환해 통제를 재개하는데, 이 경우에는 반응하는 데 3초 이상 소요되었다. 이 분야의 또 다른 전문가인 피터 헨콕은 이러한 상황을 다음과 같이 명쾌하게 요약했다. "사람들이 거의 반응할 필요가 없는 시스템을 구축하면 반응이 정말 필요할 때에도 거의 반응하지 못한다."

현재는 반드시 응급 상황에서만 운전자가 고도로 자동화된 차량을 다시 제어하게 되는 것은 아니다. 이러한 시스템은 고속 도로처럼 제한된 조건에서만 사용하여 운전자가 보조 운행과 자율 운행 사이를 규칙적으로 전환하도록 되어 있다. 실제 도로에서 테슬라를 사용한 에릭슨, 뱅크스, 스텐턴(2017)의 연구에서는 평균 전환 시간이 3초이지만 편차가 커서 어떤 운전자들은 15초까지 걸리기도 하는 것으로 나타났다.

운전자-보조 시스템이 제 역할을 잘한다 하더라도 시스템이 수행하는 작업에서 운전자를 떼어 놓을 위험이 존재한다. 특히 운전자가 시스템의 한계에 대한 지식이 부족한 경우에 그렇다. '멘탈 모델mental model'이라는 심리학 이론이 여기에 해당된다(스텐턴과 영, 2000). 멘탈 모델이란 지식, 추론, 이전 경험과의 비교에 근거하여 사용자가 지닌 메커니즘에 대한 개념이다. 사용자의 멘탈 모델이 시스템 설계자의 모델과 다를 때 문제가 초래된다. 한 가지 예를 들어 보자. 과거에 나는 '핸드 브레이크' 단추가 대시 보드 위에 있는 차를 빌린 적이 있다. 정차할 때마다 나는 핸드 브레이크를 채우기 위해 단추를 눌렀다. 그러고는 다시 출발하기 전에 핸드 브레이크를 풀기 위해 다시 그 단추를 눌렀고 매번 엔진이 꺼졌다. 집에 돌아와 설명서를 보고 왜 차의 시동이 꺼졌는지를 깨달았다. 나는 정차하면 핸드 브레이크를 채우고 출발하려면 푸는, 기계식 핸드 브레이크에 대한 나의 과거 경험을 바탕으로 핸드 브레이크 작동의 '멘탈 모델'을 적용했던 것이다. 내가 나름대로 (단추를 누르는 것으로) 적용했던 시스템 설계자의 핸드 브레이크에 대한 멘탈 모델은 차가 전진하면 자동으로 풀리는 것이었다. 매번 내가 출발하려고 할 때마다 차는 고맙게도 스스로 알아서 핸드 브레이크를 풀었고 나는 단추를 눌러 다시 채웠

던 것이다!

이러한 일화는 위험하다기보다는 당황스러운 것이지만 자동차의 시스템에 대한 부적절한 멘탈 모델로 인해 심각한 분제가 초래될 수도 있다. 이따금 이러한 일이 '모드 혼동'을 일으킬 수도 있는데 이 경우 운전자는 자동차가 실제 상태와는 다른 상태라고 착각할 수 있다. 오늘날 많은 자동차와 오토바이가 서스펜션, 브레이크, 엔진 성능에 있어 여러 다른 선택이 가능한 설비를 채택하고 있다. 운전자가 실제로는 좀 더 편안한 '투어' 모드인데도 서스펜션이 단단해지는 '스포츠' 모드에 있다는 잘못된 믿음으로 커브 길을 돌진해 가거나, 감속된 '우천' 모드가 아니라 전속력의 '스포츠' 모드라는 것을 오토바이 운전자가 잊어버리고 비로 젖은 도로에서 가속을 한다면 문제가 생길 가능성이 있다. 각기 다른 수행 모드가 존재한다는 사실은 사용자가 핸들 조작과 동력 전달에 관련된 자동차의 특징을 숙지하는 것을 어렵게 만든다.

시스템 설계자들은 운전자가 자동차의 작동 방법과 자동차가 운전자의 행동에 어떻게 대응하는지에 관한 적절한 멘탈 모델을 가질 수 있도록 해야 한다. 또한 운전자가 현재의 멘탈 모델을 새로운 기술 혁신에 어떻게 적용하려 할 것인지(앞서 예로 든 핸드 브레이크의 사례처럼)도 고려할 필요가 있다. 거의 100년 동안 자동차는 고도로 표준화된 제어 시스템을 공유했다. 그러나 이제는 차량 제어가 점점 더 복잡해질 뿐만 아니라 제조사별로 점점 더 다양해지고 있다. 이제까지의 차량 제어는 주로 핸들 조작, 가속, 클러치 제어와 관련이 있었다. 미래의 운전자 교육에서 갈수록 중요해지는 요소는 운전자가 '운전자-보조' 시스템이 할 수 있는 것과 하지 못하는 것을 완벽하게 이해하는 일이 될 것이다.

이러한 이해는 사용자의 시스템에 대한 신뢰 수준과 관련이 있다. 과도한 신뢰는 명백히 바람직하지 않다. 과학 기술을 비판 없이 의존하고 오용하거나 조슈아 브라운의 경우와 같은 사고로 이어질 수 있다. 반면 과도한 불신은 시스템이 매우 안전하게 작동할 수 있는 경우에도 운전자가 시스템을 사용하지 않게 된다는 의미이다. 어떤 시스템도 완벽할 수는 없으므로 운전자의 신뢰 수준을 시스템의 객관적 신뢰도에 정확히 맞출 필요가 있다. 신뢰는 시스템의 신뢰성뿐 아니라 자신의 능력이 시스템보다 뛰어나다고 생각하는 정도와 운전자가 가진 시스템에 대한 멘탈 모델 같은 요인에 의해서도 영향을 받는다.

'무인 차량'의 문제점

———

완전 무인 차량(4단계와 5단계)은 또 다른 문제를 제기한다. 한 가지 큰 문제는 무인 차량에 대한 대중의 신뢰 부족을 극복하도록 노력하는 것이다. 최근 실시된 영국의 입소스 모리Ipsos MORI 여론 조사에 따르면 "앞으로 완전 무인 차량에 중점을 두고 개발해야 한다고 생각한다"는 설문에 응답자의 단 28%만 동의했다. 또한 13%만 자율 주행 기능이 사용 가능하다면 항상 사용하겠다고 응답했다.

이러한 불신은 컴퓨터에 비해 부풀려진 인간의 운전 능력에 대한 확신과 더불어 사이버 보안과 해킹에 대한 공포에서 비롯된 것으로 보인다. 인간의 위험에 대한 평가가 매우 비합리적이고 외부 요인에 의해 심각하게 영향을 받는다는 3장의 내용을 상기해 보자. 무엇이든 익숙하지 않거나 자신의 통제를 벗어나면 더 위험하게 느껴진다. 무인 차량은, 적어도 초기 단계에서는 이 두 기준에 모두 해당된다. 무인 차량이 매우 안전하고, 특히 평균적 인간이 운전하는 것보다 안전하다 하더라도 무인 차량과 관련해 사고가 나면 대대적으로 보도될 것이다. 사람이 낸 교통사고는 너무나 흔한 일이므로 주목을 받지 않는다. 소위 '가용성 휴리스틱availability huristic(어떤 현상이나 시간의 발생 빈도 또는 발생 가능성에 대해 그 사건과 관련된 경험이나 사례를 쉽게 떠올릴 수 있는지를 기준으로 판단하여 생기는 오류—옮긴이 주)'이라는 개념에 의하면 대중은 유인 자동차보다 무인 자동차의 사고에 관해 훨씬 더 많이 알고 있다. 무인 차량을 통제할 수 없다는 점도 대중의 머릿속에서 무인 차량의 외면적 위험성을 과장하게 만들 것이다. 승객 자신이 통제할 수도 없고, 운전자가 졸음운전을 할 수도 있고, 운전 중 휴대폰, 라디오, 내비게이션을 조작할 수도 있는 택시에 타는 것을 주저하는 사람이 거의 없다는 사실은 흥미롭다. 택시의 익숙함이 우리의 위험 인식을 낮춘 것이다.

또한 무인 차량은 운전자의 운전 능력을 저하시키는 문제도 야기한다. 다시 말해 운전면허 시험에 합격한 후 오랫동안 실제로 운전할 기회가 한번도 없을지 모른다. 그렇다면 운전면허를 몇 년마다 재시험 또는 재교육과 병행하여 갱신할 필요가 있는 걸까?

불가피하게 앞으로 한동안은 기존 자동차와 무인 자동차가 공존하는 전환기가 될 것이다. 주목해야 할 점은 구글의 무인 차량과 관련한 얼마 안 되는 사고의 원인이 다른 운전자들이 무인 차량이 사람처럼 행동하리라고 기대했기 때문인 것 같다는 점이다. 예상되는 무인 차량의 혜택 중 하나는 차량 간 의사소통이 가능해짐으로 인해 차들이 더 바짝 붙어 운행할 수 있어 도로의 공간 활용이 극대화되고 슬립스트리밍slipstreaming(저항력을 줄이기 위해 앞서 달리는 차의 바로 뒤에 그림자처럼 바짝 따라붙어 달리는 것—옮긴이 주)을 통해 연비를 향상시킬 수 있는 것이다. 그러나 구이 외 연구진(2014)의 시뮬레이터 연구에서는 고속 도로에서 자동화된 '플래투닝platooning(무선 통신 네트워크를 기반으로 주로 트럭 등 산업용 화물 차량 여러 대를 하나로 묶고, 후방 차량이 인간 개입 없이 선두 트럭을 자동으로 따라가는 것을 목표로 하는 집단 자율 주행 기술—옮긴이 주)' 트럭 운행이 인접한 자동차 운전자들에게 나쁜 영향을 미치는 것으로 나타났는데 뒤따르는 차들이 이 트럭들로 인해 앞차와의 안전거리를 지나치게 가

깝게 설정하였기 때문이었다.

이제까지의 기술은 주로 자동차의 제어(차선 준수와 물체와의 충돌 방지)에 초점을 맞추었다. 이러한 '작동' 수준의 운전에 많은 진전이 있었으나 이전 장에서 살펴보았듯이 인간이 하는 운전은 이러한 것 이상을 포함하고 있다. 인간은 운전하기 위해서 전략, 경험치, 도식을 활용하는데 그 이유는 단순히 정보를 충분히 빨리 처리할 수 없기 때문이다. 행동의 지침이 되는 경험을 활용함으로써 우리는 (컴퓨터의 전송 속도에 비하면 너무나 굼뜬) 초당 100미터밖에 정보를 전송하지 못하는 신경 시스템의 한계를 극복할 수 있다. '전술적', '전략적' 차원의 운전은 자동화하기가 훨씬 더 어려울 것이다.

그렇다 해도 자동차가 인간처럼 운전할 필요는 없을 것이다. 무인 차는 인간보다 재빠르게 상황에 대처할 것이고 차량들은 서로 활발하게 정보를 공유할 것이다. 또한 인간이 고도로 선택적인 시각 시스템에 주로 의존하는 반면 현재의 무인 차량 시스템은 다양한 센서에서 온 정보를 통합한다. 여기에는 레이더, 라이다 센서(주변 물체가 반사하는 전자파의 에너지 변화로 작동하는), 초음파 센서, GPS가 포함된다. 이론상으로는 적어도 이러한 '중복' 정보로 인해 자동차들이 인간은 할 수 없는 조건에서도 순항할 수 있어야 한다. 그러나 현재 라이다, 레이더, 기존 카메라는 폭우를 견뎌 내지 못한다. 라스베이거스에서 열린 2018 소비자 전자 제품 박람회CES에서는 폭우로 인해 일부 자동차 제조사들이 자사의 반 자율 주행 차량의 시범 운전을 취소했다. 그러나 공정하게 평가하자면 이러한 상황은 인간의 시각 시스템 또한 무력화시킨다. 안개나 폭우 상황에서 과속으로 인해 고속 도로 차량 정체가 생기는 것이 그 증거이다.

결론

자율 주행 자동차는 교통사고의 주요 원인인 인간의 실수를 없앰으로써 도로 안전을 크게 향상시킬 수 있는 잠재력을 가졌다. 그러나 이러한 기술을 아무런 규제 없이 무분별하게 도입하는 것은 도로 안전을 이전보다 더 악화시킬 가능성이 높다.

도널드 노먼이 30년 전에 지적했듯이 차량 자동화에 의해 제기된 많은 심리학적 문제들을 우리는 이미 현재의 항공 산업에서 직면하고 있다(노먼, 1990). 항공기 사고는 비행기 제조사들에게 인간과 기계의 인터페이스를 설계하는 것에 대한 귀중한 교훈을 주었다. 그러나 자동차 제조사들은 항공 산업의 전철에서 교훈을 얻지 못한 것처럼 보인다. 초기의 항공기 자율 운항 시스템은 '강하면서 조용한' 유형의 것이었다. 다시 말해 이 시스템은 악천후나 기체 결함으로 인해 점점 악화되는 문제를 더 이상 견딜 수 없을 때까지 붙들고 있다가 어쩔 수 없을 때가 되어서야 자율 운항을 포기하고 조종사에게 넘겼다. 그러나 이때는 이미 상황이 너무 악화되어 조종사도 손을 쓸 수 없었다. 반면 현대의 시스템은 좀 더 "수다스럽게" 조종사에게 비행기의 현재 상태를 계속 알림으로써 조종사가 급박한 문제를 파악하고 상황이 걷잡을 수 없이 위험해지기 전에 개입할 수 있게 한다.

자동 순항 제어 장치, 전자 안정 프로그램, 구동력 제어 장치, 잠김 방지 브레이크(ABS)시스템, '지능형' 서스펜션을 탑재한 자동차가 이미 상용화되어 있다. 이러한 것은 스텐턴이 '자동차 자동화'라 부른 시스템으로 운전자를 보조

하지만 의사 결정은 오롯이 운전자의 몫으로 남아 있다. 적응형 순항 제어, 충돌 방지, 자율 비상 브레이크 같은 최신 기술은 이와는 질적으로 다르다. 스텐턴은 이들을 '운전자 자동화'라 불렀는데 이 경우에는 시스템이 의사 결정을 일부 떠맡기 때문이다. 이 시스템은 '강하면서 조용한' 유형으로 일반적으로 보통 운전자가 감당할 수 없는 정도로 자동차가 통제 불능이 되기 전에는 운전자가 무슨 일이 일어나는지 알 수 없다. 에릭슨과 스텐턴(2017a)은 자동차 자동화 시스템이 운전자와 소통할 수 있게 설계되어 차량의 현상태에 대한 정보를 계속 제공해야 한다고 주장했다. 조용한 자율 주행보다는 수다스런 공동 주행이 바람직하다는 것이다. 이러한 방식을 채택하면 현재 차량이 하고 있는 일에 운전자를 참여시켜 운전자의 저부하를 줄이는 부가적 혜택을 얻을 수 있다.

조종사들은 보통 3만 5000피트 상공을 운항하는데, 이 고도로 인해 위급 상황 시 '자신의 임무'로 복귀해 상황을 인식하고 문제를 해결하기까지 얼마간의 시간을 벌 수 있다. 반면 자동차 운전자들은 그런 시간의 여유를 누릴 수 없기 때문에 차량 시스템이 더 이상 대처할 수 없다는 것을 운전자가 깨달을 즈음이면 이미 어떤 조치를 취하기에 너무 늦는다. 특히 재난을 막으려면 운전 기술이 필요한데, 운전을 하지 않는 사이 기술이 녹슬어 버린다면(운전자가 첨단 기술 자동차만 운전한 사람이라면, 혹은 애초부터 기술을 습득조차 하지 않아서) 문제가 더욱 심각해질 수 있다.

2017년, 밀토스 키리아키디스를 비롯한 인적 요인 전문가 열한 명은 자율 주행 자동차로 인해 제기된 문제에 대한 견해를 발표했다. 전문가들은 한목소리로 자율 주행 자동차가 도로 안전을 향상시킬 잠재력은 가지고 있으나 자동화가 인적 요소라는 측면을 거의 고려하지 않은 채 도입되는 것에 대한 우려를 표명했다. 자동화로 인해 운전자들은 본연의 임무에서 배제되지만 시스템이 대응하지 못하게 되었을 때는 개입할 수 있어야 한다. 이 기사는 다음과 같이 거의 절망에 가까운 어조로 끝을 맺고 있다.

우리의 우려와 권고가 초기 항공 산업 및 다른 자동화 영역에서 배운 [인적 요소] 교훈과 별반 다르지 않다는 주장이 제기될 수도 있다.……예를 들면 미래의 항공 관제를 위한 인적 요소에 관한 초기 보고서에는 "인간은, 전반적으로 볼 때, 감시하는 일에 능하지 않다"라고 씌어 있다. 우리가 말하고 싶은 것은, 자동화되고 복잡한 기계를 인간이 성공적으로 감시할 수 있고, 기계가 작동하지 못할 때 인간이 이어받아 임무를 '떠맡을' 수 있다는 가정을 할 때는 매우 조심해야 한다는 점이다."(피츠, 1951) ……인적 요소 연구자들이 왜 수십 년간 같은 메시지를 전해 왔는지 그 이유를 좀 더 깊이 연구해 보아야 할 것이다.

키리아키디스 외, 2017, p.15

피터 헨콕도 이와 비슷한 지적을 하며 진정한 의미의 무인 차량이 도입되기 전에는 자동화 시스템의 설계자들이 인간을 '최후 수단으로서의 하부 시스템'이라고 여기기 보다는 운전자의 심리를 고려하는 것이 매우 중요하다고 말한다(헨콕, 2014). 운전자는 자동화 과정에서 무언가 잘못될 때까지 배제되는, 시스템의 부속품이 아니다. 자동차 설계자들이 앞으로도 이 사실을 고려하지 않는다면 미래의 운전에 대한 자동차 제조사들의 유토피아적 비전은 구체화될 수 없을 것이다.

나는 독자들이 이 책을 읽는 동안 심리학 이론과 연구가 운전의 여러 측면에 매우 유용하다는 점을 확신하게 되었기를 희망한다. 지금 우리는 자동차 제어에 필요한 물리적 행동에서 인간이 점점 배제되는 시대로 옮겨 가고 있지만 자동차가 완전히 인간 없이도 운행할 수 있을 때까지는, 운전의 심리학에 대한 이해가 오늘날과 마찬가지로 미래에도 운전자 안전에 큰 의미를 지닐 것이다.

추가자료

도서

Banks, V.A. and Stanton, N.A. (2017). *Automobile automation: Distributed cognition on the road*. London: CRC Press.

Bédard, H. and Delashmit, G. (2011). *Accidents: causes, analysis and prevention*. New York: Nova.

Fisher, D.L., Caird, J., Horrey, W. and Trick, L. (eds.) (2016). *Handbook of teen and novice drivers: research, practice, policy and directions*. London: CRC Press.

Groeger, J. (2016). *Understanding driving: Applying cognitive psychology to a complex everyday task*. London: Routledge.

Hennessy, D. (ed.) (2011). *Traffic psychology: An international perspective*. New York: Nova.

Hilbert, R.C. (ed.) (2011). *Distracted driving*. New York: Nova.

Jiménez, F. (ed.) (2018). *Intelligent vehicles, 1st edition: Enabling technologies and future developments*. Oxford: Butterworth–Heinemann.

Norman, D. (2013). *The design of everyday things: Revised and expanded edition*. New York: Basic Books.

Porter, B.E. (ed.) (2011). *Handbook of traffic psychology, 1st edition*.
    London: Academic Press.
Shinar, D. (2017). *Traffic safety and human behavior (2nd. edition.)*.
    Bingley: Emerald Publishing.

웹 사이트

IAM Roadsmart www.iamroadsmart.com/media-and-policy/research-
    and-policy/archive
ROSPA (the Royal Society for the Prevention of Accidents)
    www.rospa.com/road-safety/advice/drivers/

참고문헌

ACEM. (2009). *MAIDS: In-depth investigations of accidents involving powered two wheelers. Final report 2.0*. Retrieved 13/2/2018, from *www.maids-study.eu/pdf/MAIDS2.pdf*

Amado, S., Arikan, E., Kaca, G., Koyuncu, M. and Turkan, B.N. (2014). How accurately do drivers evaluate their own driving behavior? An on-road observational study. *Accident Analysis and Prevention*, 63, 65–73.

Arnett, J.J. (1996). Sensation seeking, aggressiveness and adolescent reckless behavior. *Personality and Individual Differences*, 20(6), 693–702.

Atchley, P., Tran, A.V. and Salehinejad, M.A. (2017). Constructing a publically available distracted driving database and research tool. *Accident Analysis and Prevention*, 99, 306–311.

Ball, K. and Owsley, C. (1992). The useful field of view test: A new technique for evaluating age-related declines in visual function. *Journal of the American Optometrist Association*, 63, 71–79.

Benfield, J.A., Szlemko, W.J. and Bell, P.A. (2007). Driver personality and anthropomorphic attributions of vehicle personality relate to reported aggressive driving tendencies. *Personality and Individual*

Differences, 42(2), 247-258.

Briggs, G.F., Hole, G.J. and Land, M.F. (2016). Imagery-inducing distraction leads to cognitive tunnelling and deteriorated driving performance. *Transportation Research Part F*, 38, 106-117.

Brown, S.L. and Cotton, A. (2003). Risk-mitigating beliefs, risk estimates and self-reported speeding in a sample of Australian drivers. *Journal of Safety Research*, 34, 183-188.

Cavallo, V. and Pinto, M. (2012). Are car daytime running lights detrimental to motorcycle conspicuity? *Accident Analysis and Prevention*, 49, 78-85.

Chapman, P. and Underwood, G. (2000). Forgetting near-accidents: The role of severity, culpability and experience in the poor recall of dangerous driving situations. *Applied Cognitive Psychology*, 14, 31-44.

Clarke, S. and Robertson, I.T. (2005). A meta-analytic review of the big five personality factors and accident involvement in occupational and nonoccupational settings. *Journal of Occupational and Organizational Psychology*, 78, 355-376.

Davison, P. and Irving, A. (1980). Survey of visual acuity of drivers, *TRRL Report 945*, Transport and Road Research Laboratory, Crowthorne, Berkshire.

Dahlen, E.R., Martin, R.C., Ragan, K. and Kuhlman, M. (2005). Driving anger, sensation seeking, impulsiveness and boredom proneness in the prediction of unsafe driving. *Accident Analysis and Prevention*, 37, 341-348.

Deffenbacher, J.L., Huff, M.E., Lynch, R.S., Oetting, E.R., and Salvatore, N.F. (2000). Characteristics and treatment of high-anger drivers. *Journal of Counselling Psychology*, 47(1), 5-17.

Department for Transport. (2017). *Reported road casualties in Great Britain: 2016 annual report*. Retrieved 13/2/2018 from *www.gov.uk/government/statistics/reported-road-casualties-great-britain-annual-report-2016*

De Winter, J.C.F. and Dodou, D. (2010). The driver behaviour questionnaire as a predictor of accidents: A meta-analysis. *Journal of Safety Research*, 41(6), 463–470.

Dobbs, A.R., Heller, R.B. and Schopflocher, D. (1998) A comparative approach to identify unsafe older drivers. *Accident Analysis and Prevention*, 30(3), 363–370.

Drummer, O.H., Gerostamoulos, J., Batziris, H., Chu, M., Caplehorn, J., Robertson, M.D. and Swann, P. (2004). The involvement of drugs in drivers of motor vehicles killed in Australian road traffic crashes. *Accident Analysis and Prevention*, 36(2), 239–248.

Dula, C.S. and Ballard, M.E. (2003). Development and evaluation of a measure of dangerous, aggressive, negative emotional and risky driving. *Journal of Applied Social Psychology*, 33(2), 263–282.

Duncan, J., Williams, P. and Brown, I. (1991). Components of driving skill: Experience does not mean expertise. *Ergonomics*, 34, 919–937.

Eriksson, A., Banks, V.A. and Stanton, N.A. (2017). Transition to manual: Comparing simulator with on-road control transitions. *Accident Analysis and Prevention*, 102, 227–234.

Eriksson, A. and Stanton, N.A. (2017a). The chatty co-driver: A linguistics approach applying lessons learnt from aviation incidents. *Safety Science*, 99, 94–101.

Eriksson, A. and Stanton, N.A. (2017b). Takeover time in highly automated vehicles: Noncritical transitions to and from manual control. *Human Factors*, 59(4), 689–705.

Fernandes, R., Job, R.F.S. and Hatfield, J. (2007). A challenge to the assumed generalizability of prediction and countermeasure for risky driving: Different factors predict different risky driving behaviors. *Journal of Safety Research*, 38, 59–70.

Fitts, P.M. (1951). *Human engineering for an effective air-navigation and traffic-control system*. Washington, DC: National Research Council.

Gouy, M., Wiedemann, K., Stevens, A., Brunett, G. and Reed, N. (2014). Driving next to automated vehicle platoons: How do short time headways influence non-platoon drivers' longitudinal control? *Transportation Research Part F*, 27, 264–273.

Greaves, S.P. and Ellison, A.B. (2011). Personality, risk aversion and speeding: An empirical investigation. *Accident Analysis and Prevention*, 43(5), 1828–1836.

Hancock, P.A. (2014). Automation: how much is too much? *Ergonomics*, 57(3), 449–454.

Hancock, P.A., Lesch, M. and Simmons, L. (2003). The distraction effects of phone use during a crucial driving maneuver. *Accident Analysis and Prevention*, 35, 501–514.

Holland, C., Geraghty, J. and Shah, K. (2010). Differential moderating effect of locus of control on effect of driving experience in young male and female drivers. *Personality and Individual Differences*, 48, 821–826.

Horne, J.A. and Reyner, L.A. (1996). Counteracting driver sleepiness: Effects of napping, caffeine and placebo. *Psychophysiology*, 33, 306–309.

Hyman, Jr, I.E., Boss, S.M., Wise, B.M., McKenzie, K.E. and Caggiano, J.M. (2010). Did you see the unicycling clown? Inattentional Blindness while walking and talking on a cell phone. *Applied*

Cognitive Psychology, 24, 597–607.

Johnson, C.A. and Keltner, J.L. (1983). Incidence of visual field loss in
20,000 eyes and its relationship to driving performance. *Archives of
Ophthalmology*, 101, 371–375.

Jonah, B. (1997). Sensation seeking and risky driving: A review and
synthesis of the literature. *Accident Analysis and Prevention*, 29(5),
651–665.

Kay, G.G. and Logan, B.K. (2011). *Drugged driving expert panel report:
a consensus protocol for assessing the potential of drugs to impair
driving*. (DOT HS 811 438). Washington, DC: National Highway
Traffic Safety Administration.

Killoran, A., Cunning, U., Doyle, N. and Sheppard, L. (2010). *Review of
effectiveness of laws limiting blood alcohol concentration levels to
reduce alcohol-related road injuries and deaths*. Final Report March
2010. Centre for Public Health Excellence NICE.

Kyriakidis, M., de Winter, J.C.F., Stanton, N., Bellet, T., van Arem, B.,
Brookhuis, K., Martens, M.H., Bengler, K. Andersson, J., Merat, N.,
Reed, N., Flament, M., Hagenzieker, M. and Happee, R. (2017).
A human factors perspective on automated driving, *Theoretical Issues
in Ergonomics Science*, 1–27. Published online 8th March 2017.

Lajunen, T. (2001). Personality and accident liability: Are extraversion,
neuroticism and psychoticism related to traffic and occupational
fatalities? *Personality and Individual Differences*, 31, 1365–1373.

Lajunen, T. and Parker, D. (2001). Are aggressive people aggressive
drivers? A study of the relationship between self-reported general
aggressiveness, driver anger and aggressive driving. *Accident Analysis
and Prevention*, 33, 243–255.

Langham, M., Hole, G., Edwards, J. and O'Neill, C. (2002). An analysis of "looked but failed to see" accidents involving parked police cars. *Ergonomics*, 45, 167-185.

Lesch, M.F. and Hancock, P.A. (2004). Driving performance during concurrent cell-phone use: Are drivers aware of their performance decrements? *Accident Analysis and Prevention*, 36(3), 471-480.

Lombardi, D., Horrey, W.J. and Courtney, T.K. (2017). Age-related differences in fatal intersection crashes in the United States. *Accident Analysis and Prevention*, 99, 20-29.

Magazzù, D., Comelli, M. and Marinoni, A. (2006). Are car drivers holding a motorcycle licence less responsible for motorcycle – car crash occurrence? A non-parametric approach. *Accident Analysis and Prevention*, 38, 365-370.

Marottoli, R.A. and Richardson, E.D. (1998). Confidence in and self-rating of, driving ability among older drivers. *Accident Analysis and Prevention*, 30(3), 331-336.

Maycock, G. (1997). Sleepiness and driving: The experience of U.K. car drivers. *Accident Analysis and Prevention*, 29(4), 453-462.

Moskowitz, H. and Fiorentino, D. (2000). *A review of the literature on the effects of low doses of alcohol on driving-related skills*. (DOT HS 809 028). Washington, DC: National Highway Traffic Safety Administration.

Musselwhite, C. (2006). Attitudes towards vehicle driving behaviour: Categorising and contextualising risk. *Accident Analysis and Prevention*, 38, 324-334.

Norman, D.A. (1990). The "problem" with automation: inappropriate feedback and interaction, not "over-automation". *Philosophical Transactions of the Royal Society of London, B: Bioogical Sciences*, 327(1241), 585-593.

Norman, D.A. and Shallice, T. (1986). Attention to action: Willed and automatic control of behavior. Pages 1–18 in Davidson, R., Schwartz, G. and Shapiro, D. (eds.), *Consciousness and self regulation: Advances in research and theory, Volume 4*. New York: Plenum.

Ramaekers, J.G., Berghaus, G., van Laar, M. and Drummer, O.H. (2004). Dose related risk of motor vehicle crashes after cannabis use. *Drug and Alcohol Dependence*, 73(2), 109–119.

Read, N., Kinnear, N. and Weaver, L. (2012). *Why do older drivers have more 'failed to look' crashes? A simulator based study*. Project Report PPR635. Berkshire: TRL.

Redelmeier, D.A. and Tibshirani, R.J. (1997). Association between cellular telephone calls and motor-vehicle collisions. *The New England Journal of Medicine*, 336, 453–458.

Road Safety Foundation. (n.d.). *Supporting safe driving into old age: A national older driver strategy*. Older Drivers Task Force. Retrieved 13/2/2018 from *https://s3-eu-west-1.amazonaws.com/ roadsafetyfoundation.org/2016-07-04_Older_drivers/2016-07-04_ Older_drivers_02_report.pdf*

Sagberg, F., Jackson, P., Krüger, H.P., Muzet, A. and Williams, A. (2004). *Fatigue, sleepiness and reduced alertness as risk factors in driving*. TOI report 739/2004. Oslo: Institute of Transport Economics.

Senaratna, C.V., Perret, J.L., Lodge, C.J., Lowe, A.J., Campbell, B.E., Matheson, M.C., Hamilton, G.S. and Dharmage, S.C. (2017). Prevalence of obstructive sleep apnea in the general population: a systematic review. *Sleep Medicine Reviews*, 34, 70–81.

Shinoda, H., Hayhoe, M.M. and Shrivastava, A. (2001). What controls attention in natural environments? *Vision Research*, 41, 3535–3545.

Simons, D.J. and Chabris, C.F. (1999). Gorillas in our midst: Sustained inattentional Blindness for dynamic events. *Perception*, 28, 1059-1074.

Stanton, N.A. and Young, M.S. (2000). A proposed psychological model of driving automation. *Theoretical Issues in Ergonomics Science*, 1, 315-331.

Stanton, N.A., Stewart, R., Harris, D., Houghton, R.J., Baber, C., McMaster, R., Salmon, P., et al. (2006). Distributed Situation Awareness in dynamic systems: theoretical development and application of an ergonomics methodology. *Ergonomics*, 49, 1288-1311.

Strayer, D. L., Watson, J. M. and Drews, F. A. (2011). Cognitive distraction while multitasking in the automobile. Pages 29-58, in Ross, B. (ed.), *The Psychology of Learning and Motivation, Volume 54*. Burlington: Academic Press.

Thiffault, P. and Bergeron, J. (2003). Monotony of road environment and driver fatigue: A simulator study. *Accident Analysis and Prevention*, 35, 381-391.

Tversky, A. and Kahneman, D. (1973). Availability: A heuristic for judging frequency and probability. *Cognitive Psychology*, 5, 207-232.

Ulleberg, P. (2002). Personality subtypes of young drivers. Relationship to risktaking preferences, accident involvement, and response to a traffic safety campaign. *Transportation Research Part F*, 4, 279-297.

Vingilis, E. and Macdonald, S. (2002). Review: Drugs and traffic collisions. *Traffic Injury Prevention*, 3, 1-11.

World Health Organization. (2015). *Global status report on road safety 2015*. Geneva: WHO Press.

Young, M.S. and Stanton, N.A. (2002). Malleable Attentional Resources Theory: A new explanation for the effects of mental underload on performance. *Human Factors*, 44(3), 365-375.

Zhou, R., Yu, M. and Wang, X. (2016). Why do drivers use mobile phones while driving? The contribution of compensatory beliefs. *PLOS One*, 11(8), 1–18.

Zuckerman, M. (1994). *Behavioural expressions and biological bases of sensation seeking*. Cambridge: Cambridge University Press.